星雲大師 口述

百年佛缘

僧信篇 二

中華書局

百年佛缘

僧信篇 二

星雲大師 口述

中華書局

目録

目錄

臺灣青年法師的形象

我初到臺灣的十餘年當中，也遇到一些可愛的臺灣佛教僧青年，他們跟我幼年時候一樣，曾經懵懂無知，也不知道佛教的前途在哪裏。所幸後來臺灣的佛教一直發展，教育、文化、社會事業不斷成長，他們也跟著進步，甚至都成爲這許多事業的參與人。

時光迅速，不知不覺，那許多青年法師如今也都垂垂老矣，有的爲寺廟行政辛勞負責，有的爲文弘法，有的到處講說，有的興隆道場。現在只把在臺灣與我有互動往來的一些青年僧，甚至到中年一代的法師，乃至耆年的長老，略做介紹，以誌往事因緣。

聖印法師

先從年輕一代的聖印法師說起。聖印法師俗名叫陳林，臺中縣石岡鄉人，一九三〇年生。我在一九五一年於新竹臺灣佛教講習會擔任教務主任時，有一位叫演慈的學生，他跟我介紹說，他的故鄉有一位青年學僧，很想到講習會讀書。

我於是商之於靈隱寺的住持無上法師，他一聽，面露難色，主要是因爲寺中食指浩繁，每天的日用開支不容易負擔，而且他也怕我學習慈航法師「來者不拒」，無限制地録取學生，增加名額。

看他爲難的樣子，實在不忍心增加他的負擔，但又基於講習會大多數是女性，在家、出家都有，可是男衆僧青年不多。我覺得佛教雖然倡導男女平等，但是女性很多，男性太少，還是不平等。我很希望在教育上，男女性别能平衡，因此有心讓這一位青年僧伽加入講習會，就對無上法師承諾，每個月的生活費五十元，我願意

爲他負擔。這位僧青年就是後來的聖印法師，因爲這樣的因緣，他得以進入臺灣佛教講習會。

聖印法師天資聰慧，肯得學習，那個時候我正在翻譯日本森下大圓的《觀世音菩薩普門品講話》，他自己主動跟我說，願意爲我翻譯的稿子做謄清工作。我想，給他學習練字也是好事，就答應他。哪裏知道後來他的文筆和字體都和我相似，可見年輕時候模仿的力量之大。後來講習會搬去臺北善導寺，我就到了宜蘭。

聖印法師學習的勇氣很强，爲了練習講經，他的師父智性長老有一間在家佛教的齋堂，他就鼓勵堂主吴隨居士邀請我去講經，由他擔任翻譯。其時他雖有學習的勇氣，但我並不是什麼有經驗的講經法師，我也還在學習。不過，承蒙他把我看作是有本領的老師，能夠傳授他一些弘法的技巧；因爲這樣的因緣，吴隨居士的一善堂就想交給我管理。我當然無意接受，後來就到條件都不如一善堂的宜蘭雷音寺住了下來。

我在雷音寺所以能夠長住，一住就是二十年，是因爲宜蘭人情很冷淡，没有送往迎來的許多應酬，比較合乎我自己的性格。尤其，有幾位青年人熱心禪坐、歌唱、文藝、弘法等；我覺得有青年，佛教就有未來，就有希望。

當時在宜蘭雷音寺參與的年輕人，過不了幾年，他們對佛法就生起很大的信心，願意獻身於佛教事業，就這樣，佛光山早期的幾位重要職事，像心平、慈莊、慈惠、慈容等，他們就因此到了三重埔一善堂去辦理「佛教文化服務處」。

所以設立三重佛教文化服務處，最初我只是想，佛教應該設立一個聯絡、服務的文化機構，所以三重佛教文化服務處並不是一般單純的書店，也不是什麼單位，只是想告訴佛教界，他們有什麼困難，有任何問題，比方說，要購買經書、要知道佛教的訊息、要獲得進入佛門的資訊等等，三重佛教文化服務處都可以爲大家提供。

但後來不少人紛紛表示，他們想要認識佛教，想要瞭解佛法，可是一些佛書都看不懂。因此，就有早期我

為幫助他們而編寫、出版的《佛教故事大全》、《佛教童話集》、《佛教小說集》、《佛教文集》等。後來也編印了《中英對照佛學叢書·經典之部》、《中英對照佛學叢書·教理之部》、《中英文佛學辭典》，以及「每月一經」、美術圖集等等，這一切無非是希望能把佛教的文化，普及於社會大眾。

那時應該是一九五七、一九五八年吧，聖印法師看到以後，他也在臺中設立臺中佛教文化服務處。我想，為了免於名稱相同，以後此間、彼間會有所混淆、搞錯，我就建議他成立「佛教文化供應社」。因為那時候，國民黨在臺北有個「中央文物供應社」，所以我靈感一起，就建議他以此為名。後來他辦得有聲有色，也出版了小型的報刊、創辦《慈明》雜誌、《慈明》月刊，在臺中弘法，一時法緣大盛。當時臺中的佛教，在家的有李炳南居士為代表的「佛教蓮社」，出家的就屬聖印法師的慈明寺和萬佛寺了。

後來，他聽說我在臺北永和辦了智光中學，他在臺中也辦了慈明中學；他聽說我在佛光山新建了一座萬佛大悲殿，他也在臺中省「議會」的後山建立萬佛山，開創叢林，安僧度眾。可以說，初期在臺灣的弘法活動，我做什麼，他就做什麼。別人就笑他，你為什麼跟星雲某人都是一樣的模式呢？他也很坦誠地說，我是他的學生，不學他，要學誰呢？

再後來，我在一九九〇年代初期，到澳紐建立道場，先在紐西蘭利用一間民舍作為佛堂；聖印法師也到紐西蘭創建了一座更有規模的寺院，也取名叫「慈明寺」。我們看得出他有為教的勇氣，看得出他有弘法的熱忱。

他的師長智性老法師，出生於一八八四年，臺北人，是臺灣初期佛教的長老之一。最初在臺中寶覺寺做過住持，後來就到北投關渡建設慈航寺。承聖印法師之請，也介紹我跟他的老師會見。一九六七年左右，他舉辦三壇大戒，知道我沒有出家的弟子，就禮請當時聲望非常令人起敬的印順長老為得戒和尚，並且邀約當初在臺灣佛教講習會教授過他的演培法師為策畫。

聖印法師善於講經說法，又長於傳統梵唄唱誦，尤其他嫻熟焰口佛事，我非常欣賞這一位年輕有為的法師。可惜他年紀比我小，卻同樣罹患了糖尿病，後來在一九九六年三月，以不到六十五歲之齡往生了。臺灣佛教的青年，都是熱心有為之士，但天不假年，實在令人遺憾。

修和法師

和聖印法師同在新竹臺灣佛教講習會讀書的，還有一位叫修和法師。修和法師出生於一九二九年，臺南縣人，十八歲時在基隆月眉山靈泉寺禮文印法師披剃出家，二十歲到福建廈門南普陀寺受具足戒，一九五〇年返臺後，就到臺灣佛教講習會就讀。

修和法師身材雖然不很高大，但精神抖擻，滿身的英氣勃發。他為人誠懇正直，沒有一般年輕人的虛浮習氣，我認為他將來必能對佛教有所貢獻，是佛教的希望所繫。

由於他在講習會接受教育的時間不久，大概兩三年後，一九五四年臺東海山寺住持吳修然因病卸任，沒有多久他就應邀接任該寺第四任住持，並且承擔臺灣佛教會臺東支會理事長的法務。

在修和法師擔任住持期間，他擴建海山寺的殿堂，辦理海山幼稚園，組織念佛會、成立歌詠隊，定期舉行佛經講座等等，對於培養佛教人才，救濟災貧不遺餘力，一時也帶動臺東佛教的新氣象，使得海山寺成為臺東的名剎。偶爾在一些佛教會議的場合，見到我時，他總是非常樂觀地談說臺東佛教的發展。

只不過他有一個嗜好，喜歡吃檳榔，我覺得那麼一位英氣風發的青年，滿口的檳榔，也深不以為然。可是如果換個立場來想，他處在臺東那麼一個蕉風椰雨、充滿南國風情的地方，受到當地習氣薰染，其實也算是常事。

遺憾的是，後來傳來一個不幸的消息，當時高雄縣有一位在家社會人士名叫吳泰安，原名吳春發，彰化

人，出生於一九二四年，小學畢業，識字不多，平常卜卦算命、招搖撞騙，被警方列爲甲級流氓。一九七八年時，吳泰安自稱要據臺爲王，寫了一份資料，上面列名余登發擔任「統一司令」、莊勳是「陸軍總司令」、陳文雄是「東部最高總司令」等等。當中，還找了修和法師做「臺灣自由民國副主席」，並且指明有書寫的東西存放在海山寺。

事實上，吳泰安只是曾在海山寺的門口擺攤子，因而認識修和法師。吳泰安想要說服修和法師加入他的組織，修和法師一聽，認爲他要革命，就請他不要再到海山寺，至於他寫的什麼資料，修和法師並不知道。

吳泰安可說是一個跳樑小丑，是一個社會無業流氓，他自己理智不清、胡說八道，這一下子就忙煞了「警備司令部」。在他資料中的所有人等，一一遭到逮捕，余登發也就因此與國民黨愈走愈遠了。其實，余登發也不知道吳泰安是什麼人，就被羅織罪名囚禁在監獄中，後來雖被釋放，但在當時還引發了所謂「橋頭事件」。

後來一九八一年時，就聞訊修和法師在獄中病逝了。

據聞他在刑期將滿之前，他的弟子和幾位信徒還前往監獄探視，身體還算健康，談吐也很正常。沒想到幾天後，就死在獄中，往生的時候纔五十二歲。

我在想，修和法師一定非常懊惱、怨恨、不平，自己怎麼會招來這樣的一樁橫禍，只因爲吳泰安自己說要封他爲總司令，就這樣害他送了一命，他可能爲此憤恨不已，因而在獄中生病而亡。

對於臺灣最初的政黨政治，完全以政治利益爲考量，無顧於人民的權益，深爲那些政治領導人不值。例如一九五一年初，因爲有人密報，臺南開元寺的證光法師曾接受過大陸巨贊法師接待；因爲這樣的事情，就把證光法師槍決。政治權勢之可怕，人命之藐小，良可嘆也。

修嚴（晴虛）法師

在本省的年輕法師當中，同樣從臺灣佛教講習會出身的，聖印、修和以外，那就是修嚴法師了。

修嚴法師，一九三一年出生於南投，十六歲時禮普欽法師出家，後來從慈航法師在汐止彌勒內院學習，一九五五年於靈泉寺受具足戒。在臺灣佛教講習會讀書時，原名叫宏潮，先後親近過演培、續明、仁俊、印順等法師。後來爲演培法師所賞識，推薦他主編《海潮音》雜誌，名爲「晴虛」。之後赴京都佛教大學修學；再回到基隆月眉山承繼法席，就以「修嚴」爲名了。

修嚴應該算是一個很有福氣的人，因爲他繼承月眉山靈泉禪寺的第四任住持，一九八六年又擔任臺南法華寺的住持，這一南一北，都是臺灣佛教傳統的大寺，應該有些作爲，我不知什麼緣故，這許多寺院的房舍卻都沒有得到正常的應用。

不過，我知道他在佛教界還是非常的活躍。他南北奔走，一直到二〇〇二年二月，我邀約臺灣佛教界組織一個龐大的佛教代表團，到西安法門寺迎請佛指舍利。那時正值農曆春節期間，他聽到以後，非常熱心，趕辦手續，跟隨我一起到西安恭迎。當時，我也很感激他，因爲對於這樣殊勝的臺灣佛教盛事，他能主動出面參與，可見對佛教也算得上是一位熱心的人士了。

那次佛指舍利來臺，臺灣的恭迎團共有兩百餘人，加上大陸的恭送團，特以二架包機專程迎送。團員中，佛教的百餘位出家大德，一概由我替他們購買機票，免費來回，這很博得他的好感，後來也時相往來。直到二〇一〇年十月，月眉山靈泉禪寺傳授三壇大戒，他三番五次寫信，說我是他在新竹青草湖臺灣佛教講習會讀書時的老師，希望邀約我前往擔任得戒阿闍黎。我也樂於成全，不過事前言明，我只做一次講說，其他的戒壇儀式、法事進行，都由他代理。

靈泉禪寺是我剛到臺灣時，最初到過的寺院之一，記得我在一九四九年曾掛單在此。到二〇一〇年，時隔整整六十年後再見，寺容煥然一新，可以看出，在修嚴法師主持之下，寺廟建設快速，規模甚爲可觀。在我到達月眉山靈泉禪寺的時候，發覺他事必躬親，舉凡工程、經費、採購、人事等等，凡事都要經過自己處理；事務性的工作之多，難怪對法務的發展就有所疏忽了。

現在，聞說修嚴法師仍然主持靈泉、法華兩寺，以他的年齡，應該和我彷佛，小不了幾歲，到現在，他的繼承人不知道培養好了沒有，深爲掛念。我也建議，他應該把這南、北兩大寺院，一處可以作爲比丘道場，一處由比丘尼住持，兩序競相向上，各自發展，或許可以互相激勵道心與願力，法務或許可以蒸蒸日上。

浄耀法師

在本省佛教的青年當中，比較屬於活躍型的，浄耀法師是其中之一。他是嘉義市人，一九五四年出生，世新大學畢業，曾做過警政記者五年。後因車禍受傷，幸而不死，感嘆人生無常，因此出家學佛，禮南普陀佛學院廣化法師爲師，在樹林海明寺悟明長老座下受具足戒，曾親近印順法師，在他創辦的福嚴佛學院學習三年。以這樣的佛門經歷、學歷，成爲當今佛教的弘法人才，他是很有條件的。

浄耀法師曾告訴我，他也曾想拜我爲師，但是無人引介，想來要成爲師徒，因緣也要具備。其實，在哪裏拜師並不重要，最重要的還是自己本身的條件。浄耀法師不但一表人才，氣質文雅，性格熱忱，尤其對於助人結緣，多年來樂此不疲。光看他的職務，就可以知道其平常工作之辛勤了。

他曾擔任佛教青年會理事長、普賢中醫診所創辦人、觀音綫協談中心理事長、「中華佛教音樂協會」推廣人、普賢教育基金會理事長等。此外，他創建蓮花臨終關懷中心，爲往生者服務；他也創辦「更生保護協會」，收容了許多更生的青年，讓他們得以回頭；尤其跑徧全省監獄，發心在獄中弘法，聆聽犯罪者與死囚的心聲，並熱心給予教化。爲此，他在一九九六年曾獲得「教育部」的奬章。

由此就足以看出，浄耀法師的弘法是從文化交流到藝術活動，從生亡的服務到對青少年的關心。據他說，他的理想是要讓「生有所居，老有所養，病有所醫，死有所歸」，這也是他自己努力弘法的方向。

浄耀法師曾經在我創建的海内外道場，像日本、美國、加拿大等，都做過巡迴弘法。尤其，他的「國際供佛齋僧功德會」，每年舉辦「供僧大會」圓滿後，都會把各國，包括大陸來臺應供的僧侶，帶到佛光山跟我見面。他也多次邀我參加他所舉辦的活動，例如三重學佛同修會開光時，他要我與佛教青年會的會員講話，爲了他的熱忱，我也樂意隨喜結緣。

提到佛青會，一九四七年第一屆「中國佛教會」在南京召開時，我就主張「中國佛教會」應允許青年代表參與會議，但是遭到佛教會的反對。因此，我對浄耀法師的佛教青年會寄予希望，建議他一定要有青年讀物、青年訓練、青年組織、青年活動，纔能滿足青年的需求，纔能增加佛教青年的力量。

我覺得佛教界，像他這種爲教發心、活躍的青年實在不多，所以我也勉勵佛光山初發心入道的男衆，要他們多向他學習。目前在臺北的佛教活動，舉凡佛學講座，或是一些跟政府有所交涉的，如「觀音不要走」、佛誕節設立等，都有他的參與。

我看他並不好大喜功，只是默默地耕耘，可惜的是，他個人辛苦奮鬥，沒有建設道場作爲弘法的根據地，在佛教界的長老、教團，也都還沒有和他打成一片。假如現在佛教界年輕的比丘，都能像他一樣受高等教育，都能從事社會服務工作，不需要很多，只要十人、八人，臺灣佛教未來的發展，必定可以大大改觀。

就在今年（二〇一三）三月，他在「佛光山第九任住持晉山陞座法會暨臨濟宗第四十九代傳法大典」中，

與臺北佛教會理事長明光法師、佛光山副住持慧傳法師等海內、外共七十二位法子正式受法，成爲佛光山第二代弟子，期許他日後奉行臨濟宗風，實踐「人間佛教」，以慈悲喜捨的精神廣度衆生。

明光法師

和浄耀法師同樣年代的青年，也非常具有人緣，在臺灣佛教界也很活躍的，那就要算明光法師了。

明光法師，臺北縣人，一九五二年出生，交通大學管理科學研究所碩士。他以悟明長老爲依歸，在臺北大安公園建了一所大雄精舍，在那裏弘法利生，很有口碑。一九九五年，曾到美國紐約沈家楨居士創建的莊嚴寺擔任過住持，是一位誠實本分的有爲僧青年。

明光法師自從出家後，就和我多所來往。他的身材高大，行動舉止彬彬有禮，可惜佛門的長老凋零，如果佛門長老衆多，像他這種人才，能夠親近各方的長老大德，他的成就真是不可限量了。

我想，在明光法師的弘法過程中，讓他最感困難、挫折和考驗的，應該就是一九九四年二月，發生在臺北大安公園的「觀音不要走」事件了。

所謂「觀音不要走」事件，這是因爲明光法師的大雄精舍就在大安公園旁邊，公園裏有一尊一丈餘高，由國際知名藝術家楊英風先生所創作的觀音雕像，自一九八五年起，就由土地所有人捐贈安座在那裏了。多年來，成爲臺北市民一個流連、沈靜、散步的好去處。

後來在一九九二年時，臺北市政府計畫闢建公園，明光法師代表民衆向市府陳情，希望能在公園内保留此一觀音聖像。經過市長黃大洲裁示，並且發文給明光法師明確指出，「大安七號公園用地内的觀世音像乙尊，經查係名雕塑家楊英風教授作品，經本府深入研析結果，爲維護藝術、文化氣息，在捐給本府維護管理原則下，准予保留……」

然而，對面的基督教教堂靈糧堂，他們放不下這尊開門就能看得到的觀音聖像，便由林治平牧師向市府提出異議，認爲公園乃公共所有，不可以設立宗教色彩太濃厚的觀音像。但是明光法師認爲，觀音雕像是藝術作品，樹立在公園裏面，讓人見了也能引發心靈的美感。

事實上也是如此，當地居民、信徒多年來每天在那裏經行、散步，禮拜、問訊，已經成爲他們生活中的一部分，根本不存在任何問題。這一切説起來，只顯得靈糧堂有些小氣，放不下觀音像的存在，故而一再訴諸市政府，强力要求把觀音移走。

當時臺北市政府黃大洲市長，也不願意得罪遠在美國的蔣宋美齡夫人和基督教，就出爾反爾地發出公文，要明光法師在限期内，將觀音像遷離七號公園。那個時候，明光法師和昭慧法師多次到佛光山臺北道場找我，要我出面支援。爲了明光法師所托，我也曾到靈糧堂拜訪林治平牧師，但他們的態度强硬，非要觀音離開不可。

後來，明光法師和昭慧法師、林正傑等數十位信徒，就在觀音聖像的旁邊搭設帳篷，静坐絶食，訴求「觀音不要走」。後經媒體報導，社會輿論譁然，很多佛教徒及非佛教徒紛紛主動加入静坐行列。

黃大洲市長見狀，覺得事態嚴重，主動和我聯絡，並約定在市長官邸，召集基督教周聯華長老、市「議員」江碩平、秦慧珠，還有國際佛光會「中華總會」署理會長慈容法師等人，大家共同協商，看這尊觀音聖像到底要怎麽走？走到哪裏去？

會談幾度陷入僵局，這時慈容法師提到，南部的佛教信者聽説臺北大安公園，連一尊石雕的觀音像都容不下，認爲臺灣竟然這樣没有藝術水準，大家非常憤慨，已經包了三百多輛遊覽車，準備到臺北來，要在現場以稱念「觀音菩薩」聖號的方式，訴求觀音菩薩不能走。

出乎我的意料之外，慈容法師的話語一出，黃大洲市長立刻改變立場與態度。他說，你們的遊覽車千萬不能進來臺北市，三百部的遊覽車一到，整個臺北市的交通就會癱瘓。最後他說，我們市政府同意觀音不要走！

這話一出，決議底定，觀音可以留下來了！這時已經是深夜將近一點鐘。得到了這樣好的結果，我立刻趕到明光法師、昭慧法師等人靜坐的現場，告訴他們這個訊息。

大家聞訊，歡喜踴躍，現場立刻響起熱烈掌聲，久久不息，不少人更是感動得熱淚盈眶。不過他們還不敢相信，這麼輕易就能獲得「觀音不要走」這樣的結果嗎？爲了確認事實，他們一直靜坐到第二天，直到市長黃大洲親到大安公園宣佈，明光法師他們纔放心撤退。

「觀音不要走」的事件到此，終於做了一個圓滿總結。因爲當時有周聯華牧師在場，基督教也就沒有再抗議了。記得那天夜裏離開公園時，望著天上一輪明月，高掛在無盡的蒼穹中，不覺鬆了一口氣，心中湧起一股「幸不辱命」的欣慰。

經過這件事之後，明光法師和佛光山就更加常相往來，共同參與許多佛教的盛事，諸如：佛誕節、恭迎佛指舍利來臺、世界佛教論壇等等。

明光法師曾於一九九一年當選第二屆「國大代表」，並於二〇〇五年獲選爲臺北市佛教會第十三屆理事長。他著有《初探佛教原理的系統觀》、《佛教與生命》等書，可以說也是臺灣佛教僧青年當中，不可多得的一位。

心道法師

在臺灣佛教界中，和聖印、淨耀、明光法師等齊名的青年僧，還有靈鷲山的心道法師。

心道法師是雲南人，一九四八年出生在緬甸。四歲那年，父親因爲緬共發生衝突而遭殺害，家人離散，便與姨丈相依爲命，過著流浪的生活。

聽說他在幼年時，曾加入滇緬游擊隊幼年兵的訓練，但他非常有佛性，十幾歲在軍中就開始茹素。二十歲脫離軍旅後，在二十五歲那年，也就是一九七三年，進入佛光山佛教學院就讀。之後跟隨我出家，我替他取名「心道」，法名「慧中」。

那個時候，我看他性情孤單堅忍，歡喜一個人苦修；適逢宜蘭圓明寺的住持往生，寺廟沒有管理人，我就建議心道可以去圓明寺的骨灰塔修行。他確實在骨灰塔裏住過兩三年的時間，天天與白骨骷髏爲伴。據說，蛇蟲百脚經常在他身旁遊戲，他都能通過考驗，沒有動摇修行的信念。

後來，在日本東京大學留學的依空法師，趁著放假回山，寫了一篇敘述他苦修過程的文章，刊登在《普門》雜誌上，結果引起佛教界信衆對苦行的崇拜，紛紛前去探視，給他熱心的護持。他覺得受到打擾，便另外尋找地方閉關修持去了。不多久，就聽說他自己創建了靈鷲山，經常靠打水陸接引信徒，成立靈鷲山世界宗教博物館等等，也有不少弟子、信衆。

外界一般的人認爲他脫離了佛光山，但他多次透過各種管道想要回來認祖歸宗，終於在二〇〇九年，正式率領僧信二衆弟子三十餘人回到佛光山禮座懺悔，重返山門。佛門本來就有本山、支派的情況，不過，這個時代不同了，雖然我知道他自己有認祖歸宗的意思，但是他們後代的徒衆，就看他們的法系倫理觀念了。

臺灣的比丘尼

人有男女老少之別，佛性則是人人平等無差。「平等」是佛教的真理，從人權到生權的平等，是佛教所要實現的理想與目標。只是早期我初到臺灣時，看到臺灣的佛教界，比丘尼的地位十分卑微，儘管她們慈悲耐煩，默默爲佛教奉獻，但並未受到重視。當時我便有心想要提昇比丘尼的地位，所以後來開創佛光山，我倡導「兩序平等」，乃至主張「四衆共有」，希望能在男女兩序，甚至僧信四衆同心協力下，好好弘揚佛教。

時至今日，臺灣佛教的蓬勃發展，比丘尼貢獻很大。有人說，這與我當初提倡「兩性」平等不無關係，對此，我不敢居功，倒是早期在臺灣，和我有緣分、幫助我的比丘尼很多，此中幫助我最大、最多的，應該要說是苗栗淨覺院的智道比丘尼了。

智道比丘尼

智道比丘尼，出生於一九二六年。我初到臺灣時，舉目無親，走投無路，當時就有人建議我到中壢圓光寺投靠慈航法師。慈航法師我是沒有遇到，倒是在圓光寺，第一個見到的，正是智道比丘尼。那時候，智道法師是慈航法師在臺灣的翻譯，客家話、閩南話、日文、佛學一流，又是妙果老和尚最親近的徒孫，在圓光寺裏，儼然像當家一樣。我到達時，正是圓光寺要遣散外省籍法師的時候，圓光寺全然沒有留我下來的理由，幸好，智道比丘尼幫了我很大的忙。

我那天到達圓光寺時，大約是他們剛用完齋的時候，智道法師第一句話就問我吃飯沒有？從哪裏來？來做什麼？我談起過去在大陸曾經編過《怒濤》月刊，她非常興奮，直說她讀過這本雜誌，從雜誌裏可以看得出青年編輯爲教的熱忱和希望等等。

話纔說完，她立刻轉身，要人弄飯菜給我吃。接著，她又轉身到另外一個小房子裏。我想她應該是去找妙果老和尚，替我鼓吹、說好話，希望妙果老和尚留我在圓光寺吧。

我纔吃過飯，妙果老和尚就出來了，詢問了我幾句話以後，就說：「慈航法師他們明天要帶領外省的年輕法師到新竹去，你留下來吧。」我一聽，真是求之不得，心想，就算老和尚不說「你留下來」這句話，我也得開口要求留下來，因爲如果不留下來，這時候的我，到底能到哪裏去呢？

爲了感念妙果老和尚接受我的留單，住在中壢圓光寺一年多的日子裏，我完全擔當了圓光寺裏勞力的服務。我爲他們掃地，打掃淨房，每天還要打六百桶的井水，供應寺裏八十人使用，以及上街買菜、儲糧、收租等等。總之，我那時候很年輕，什麼樣的苦工在棲霞山都做過，也就毫不考慮擔當起來做。所以，外省的青年僧侶讓本省的寺院接受，說來我也建立了一點苦勞，這都得感謝智道法師幫我的忙，給妙果老和尚一個很好的印象，纔能順利地在圓光寺留單。

智道法師比我稍長，一直以老大姊的身份來指派我們做這個、做那個；一直以來，我看待她也有如我的生活保證人，總是支持著她，因爲她護持我，我纔能掛單下來。還有，因爲我沒有戶口，就問智道法師，要怎麼樣纔能順利報戶口呢？當時，臺灣正是風聲鶴唳、草木皆兵的社會，她一聽，也緊張起來，問道：「你有身份證嗎？」

我說：「我有，但沒有入臺證，因爲我們是團體過來的。」

她想了想，說：「我們有一位信徒代表叫吳鴻麟，在中壢行醫，同時也是警民協會會長，假如能獲得他的幫助，應該不難辦。」

於是，她帶我到中壢，在吳家附近的街上數度巡迴，希望能巧遇吳鴻麟先生。皇天不負苦心人，有一天，吳鴻麟先生從他中正路的老家出來，我就上前對他說：「吳先生，我是圓光寺的出家人，我現在想要報户口，想請你幫忙。」說完就拿出身份證給他看。

他看了我足足有兩三分鐘吧，最後他說：「你跟我來。」他家的不遠處就是中壢分局，他帶我進去，分局警員都站起來跟他敬禮。他指示值日的警員說：「替這個和尚報户口。」員警舉手敬禮說：「是！」然後吳鴻麟先生就離開了。

就這樣，我報了户口，在臺灣有了穩定的居留。實際上，因爲我缺少入臺證，照説是不容易順利報户口的，但因爲是吳老先生帶我前去，所以員警也没有提到入臺證。想想，假如没有智道法師，没有吳鴻麟老先生，没有我那唯一的身份證，我今天真是不知會流落到何方去？

也幸好當時很快就辦好了手續，因爲不久後，我和智道法師在中壢街上爲圓光寺採購的時候，就被員警逮捕了。他叫智道法師先回去，把我扣下來。我記得，我被關在中壢拘留所的一間小牢房裏，一直到下午都没有人來問話。後來，智道法師送來一個便當，一整盒飯加上幾顆花生米，我也吃得蠻香的。

智道法師告訴我：「慈航法師他們也被逮捕了，律航法師也被逮捕了，你們的同道——在圓光寺住的以及在新竹住的一二十位從大陸來的年輕人，都被逮捕了。你不要掛念，我們會瞭解情況，把你們保釋出來。」

到了黄昏的時候，中壢拘留所的人，把我押到桃園的臨時拘留所去。那是一個大倉庫，裏面已經關了兩三百人。我到了拘留所，就和從大陸來的五六十個出家人會合。當時，我們當中有一位律航法師，他剛來臺灣的時候還是一個軍長，閻錫山先生擔任「行政院長」的時候，他在山西做過軍需處的處長，後來在慈航法師座下出家，他也被逮捕了。我們當然不知道是什麼原因，不過，有律航法師在被捕名單中，我想，我們會獲得平安的。

第二天又傳來消息説，和慈航法師一起在臺北的四五十個出家人，也被逮捕了。臺灣到處在捉捕僧人，這究竟是爲什麼呢？後來纔聽説，傳聞大陸廣播，他們派了五百個出家人到臺灣做間諜，國民黨因此要逮捕、審問。那個時候在臺灣被捕，可説事態嚴重，不能輕易釋放的。真是只有感謝佛恩浩蕩，佛力廣大，這時有「立法委員」董正之、「監察委員」丁俊生、孫立人將軍的夫人孫張清揚女士、「臺灣省主席」吳國楨的父親吳經明老先生，他們都努力到處奔走，想辦法營救。

我們每天都盼望會有好消息，但是多是傳來這樣的回音：「你們放心，我們會努力，我們會救你們。」時序邁入五六月，天氣已經慢慢炎熱起來了，幾十個人的拘留所中，冷熱不是問題，怎麼吃飯纔是嚴重。做事，肚子快餓；不做事，肚子餓得更快；感謝智道法師，她每天都做兩桶的泡飯，從中壢轉乘兩趟車，送來桃園拘留所給我們吃。就這樣，二十三天的拘留生活，每天都有四五個人送飯菜來，當中必定有智道法師，可見她爲了解救我們，費了不少的心力！

終於，我們從拘留所被釋放出來了，那時，大陸的情況更吃緊了，許多政經軍的領導人紛紛到了臺灣，例如：遼寧省的「省主席」徐良，二十六軍的軍長繆澂流等；雖然情況是有些驚險，不過我們總算平安了！

當時，我們住在圓光寺的房子是日式的榻榻米，兩排的房屋門對門，中間隔著走道。房間和房間之間，只隔著一扇紙門，即使你小小聲講話，隔壁聽得到，對户也聽得到，尤其離浄房很遠，上廁所都不是很方便。

奇怪的是，在這樣的生活條件下，我們住了一兩年，彼此没有一點意見，也没有聽説哪一個人嫌誰不好。

尤其，繆澂流將軍就住在我隔壁，他有一個兒子，當時正在中壢念高中，和我們一起住，大家都相安無事。

大難不死之後，智道法師安排我替妙果老和尚翻譯，跟他走訪竹東、平鎮、楊梅、峨嵋、苗栗、大湖一帶客家地區，讓我獲得老和尚的信任。暫道法師也安排我做老和尚的侍者，其實，老和尚並不需要我做侍者，也不用我來翻譯，他的客家話很好。但是，老和尚有時會叫我跟大家講講話，我想，他最主要的是要讓大家知道，圓光寺裏住了不少外省的僧青年，正好讓我出來做個小廣告。

後來，老和尚跟我有了更進一步的認識，就安排我到苗栗大湖法雲寺看守山林。那一段時期，正好讓我在山林裏每天看書、寫文章，《無聲息的歌唱》就是伏在那矮小的茅棚裏面完成的。

我離開中壢圓光寺之後，對暫道法師護持我們外省青年人的恩情，一直非常感念，難以忘記。佛光山開山後，曾經邀請她上山來。我記得她很直率的對我說：「佛光山沒有地理，前面高屏溪的水都往外流了呀！」我說：「那很好啊！水是往外流，表示佛法往外流，這是『法水長流』啊！」

讓我感到遺憾的是，她在苗栗開山建設淨覺院時，我沒有力量幫助她，看來，雖然我一向期許自己要過「一滴水之恩，湧泉以報」的人生，但對暫道法師，我也不知道該如何做才能報答她了。

修慧長老尼

我在一九四九年正月來到臺灣，見到的第一間寺院是基隆極樂寺，看到的第一個比丘尼，就是修慧長老尼。臺灣，真是個美麗的寶島！當年七八十個從大陸參加「僧侶救護隊」來的青年僧，在基隆港靠岸的時候，那種歡欣鼓舞的心情，真覺得我們到達了天堂。只是上岸的時候，許多人各自說要去找尋他們的親友，散去了一半，再集合時，只剩下四十幾人。

我在臺灣無親無故，只有留在基隆碼頭遊走觀看。信步走到了中正公園，進了公園不遠，左手邊就是一間茅蓬式的極樂寺，那是我見到的第一座寺院。我沒有進去，就在寺院門口張望的時候，從裏頭走出一個近中年的比丘尼，她看看我，我看看她，彼此語言不通，也沒有講話。後來我才知道，那是在基隆地區很有名的修慧長老尼。

修慧長老尼，一九〇八年出生，基隆人。她住持的極樂寺，是月眉山靈泉寺派下的道場。那一次短暫的、第一次的見面後，我們一別數十年，再見面時，已是一九七八年了。當時，我應基隆佛教界之邀，在基隆中正文化中心做一場講演。我聽說基隆佛教會會長修慧長老尼就坐在其中，她沒有邀請我去極樂寺，我也覺得沒有在基隆停留的必要，講經完之後，就回臺北普門寺了。

後來，她托人來跟我說，要把極樂寺交給我。我聽了這句話並不覺得奇怪，因為在臺灣這麼多年，經常有人對我說要把他的道場交給我。但我沒有分身，也沒有那麼多徒眾可以去接受別人的寺院啊。

一九八四年的某一天，修慧長老尼要我到基隆極樂寺一趟，她說有重要的事情要跟我請教。我自信有服務的性格，聽到別人有需要，就欣然前往。到了極樂寺，她正召開極樂寺的董事會，有五六位董事在會議中。我一個都不認識，修慧長老尼指著我，跟大家說：「這位是星雲法師，今天我們主要的議題，就是要把極樂寺交給他去領導，弘法利生。請大家鼓掌。」接著，修慧長老尼對我說：「這裏有七十多兩黃金，還有一千多萬臺幣，現在極樂寺請你來，我們已經在基隆市政府裏，把相關的手續都辦好了，財團法人、寺院登記，都改換成你的名字。剛纔大家的鼓掌，就是請你擔任住持了。」

我愣住了，我自信對各種場面都有應變的能力，但這時卻讓我猶豫，不知是答應好，還是不答應好。因為我有一個原則，不接受本省的寺廟，假如我要寺廟，我可以自己興建。當初，嘉義圓福寺交由佛光山管理，是因為欠了稅捐處兩百萬元，另外遣散費也要幾千萬，諸多債務問題無法解決，到最後只剩五天期限，若無法處理，圓福寺就要面臨被拍賣的命運，真是情何以堪。經過她們的老里長陳門楣一再請托，佛光山花了一兩千萬處理他們留下的問題，之後纔交給佛光山管理。

在一九八〇年代初，一兩千萬是一筆很大的數字。雖然有圓福寺的先例，不過，我當時仍對修慧長老尼說：「極樂寺是月眉山的派下，你有得到總本山的同意嗎？」修慧長老尼說：「幾十年從來沒有來往過，我已經不知道有總本山，我只知道有佛光山。」

關於這件事情，修慧老尼師是强人所難，但也情有可原。她已經是七十多歲高齡的老人家了，她有這樣的心願，我想了想，基於「爲了佛教」，和她把手續都已辦好的誠意上，我就請佛光山依恒法師前去承繼她的責任。另外，還花了五千多萬買下「國有財產局」的土地，就是現在極樂寺大雄寶殿的所在位置，之後，又再經過大衆的護持捐獻，花了三億多元的經費重建。可以說，接辦一個寺院後，就加重佛光山常住的負擔了。不過，我很感謝修慧長老尼和依恒法師、永平法師、滿益法師、宗恩法師，她們在一起共住了多年，彼此相互尊重、諒解，新舊融和，纔有今日極樂寺的風光。

修慧長老尼，性情剛正不阿，心直口快，教界和她來往的人，幾乎都說和她相處不容易，但是她和我，還有依恒法師她們相處，都很相互尊重，彼此從來不曾有過意見。尤其，這一位老人家，把極樂寺交給年輕的依恒法師主管，她自己就做一些細微的雜務，甚至於掃地、倒茶，她都甘之如飴。佛光山本山遇有法會，她都來幫忙廚房料理大衆的飲食起居。

後來基隆極樂寺也舉行十多次的皈依典禮，每次都有數千人參加，算來也有萬千的信徒皈依了。所謂「佛法弘揚本在僧」，出家人要負擔起弘法利生的責任，假如自己能力不夠，不要緊，要懂得交棒、懂得選賢與能，這也是能讓道場法輪常轉、法務不墜的原因。

修慧長老尼，於一九九九年往生，世壽九十二歲，她著實是佛光山早期的重要功德主之一。

圓融比丘尼

圓融比丘尼，一九〇六年出生，屏東海豐人。我知道圓融尼師她所主持的屏東東山寺，在日據時代，是日僧東海宜誠主領的佈教所。記得我來到臺灣後，應該在一九五〇年代左右，就參拜過東山寺。那時候，誰人住持、東山寺興辦什麼事務，我一概不知，只知道東山寺殿宇輝煌，庭園美觀，是一個市區裏非常適合修道的場所。我去東山寺參訪的時候，適逢暑假，不少的年輕學子在東山寺的樹蔭下、草坪上溫習功課，我感覺到，這個寺廟有青年人在裏面活躍，那必定是興旺，富有朝氣的寺廟。

一九五二年，白河大仙寺傳授臺灣光復後第一次三壇大戒，我還代理南亭法師前往擔任尊證阿闍黎。其時，受戒的沙彌尼首天乙比丘尼，據聞就是圓融尼師的大弟子；又再聽說圓融長老尼的徒孫乙純也是戒子，她們徒孫三代，都在那個戒期裏一同受戒，一時傳爲美談。基本上，東山寺和大仙寺，她們都有法派上的關係，只是當時我們初到臺灣，也沒有研究這許多臺灣佛教的現狀。

後來，和圓融尼師見面、訪問、交談，常常在佛教的場合裏都有來往，假如用「女中丈夫」這句話來形容圓融長老尼，一點也不爲過。她雖是女衆，但有大丈夫的氣概，說話一言九鼎，對於所有佛教的事務，她都能負起責任、承擔責任。尤其，她熱心弘法，熱心佛教教育。我知道她没受過什麼教育，但是在屏東縣的佛教會，每週必定有人在屏東縣各處舉行鄉村弘法活動。

她曾經親自告訴我，她捐了三十萬元給白聖法師，請他辦「中華佛學院」；當然，後來並没有「中華佛學院」的出現，但圓融法師自己就在東山寺辦起東山佛學院來了。圓融比丘尼請道源法師爲院長，最初由會性法師做教務主任，請我做教師，後來由於道源法師沒贊同而作罷。因爲我給人是一個新僧派，喜歡搞革命的印象，一般保守的佛教都宣揚我的惡名。不過，也很感念道源法師，由於他的刺激，雖然我那時候纔剛剛有一個

小型的壽山寺，自己就立志，要來辦一個壽山佛學院，後來搬到佛光山，改名爲「佛光山叢林學院」，至今已近五十年了。

圓融尼師，熱心弘法、辦教育、傳授三壇大戒、舉辦結夏安居，經常資助全省佛教界的活動，放眼今日的比丘尼界，能有像她這般氣魄爲教奉獻、熱忱的比丘尼也不多見了。可惜天不假年，圓融尼師在一九六九年，以六十三歲捨報，若她能多住世十年，相信她會爲人間創下更多貢獻。

圓融尼師不喜歡人稱她比丘尼，喜歡人們稱她「圓融和尚」。回顧圓融比丘尼的一生，確實，她是寺廟裏的住持大和尚，用「圓融和尚」稱她也不爲過。

妙本比丘尼

早期臺灣和圓融長老尼一樣關心佛教教育發展的比丘尼，還有臺中後里毘盧寺的妙本法師。

說到毘盧寺妙本法師，她是一九〇二年生，出身臺中縣神岡鄉的望族，和霧峰林家有姻親關係。那個時候，臺灣舉家進入佛門的貴族爲數甚多，例如：臺中的靈山寺，等於是霧峰林家的家廟；妙本法師住持的毘盧寺，也等於是臺中縣神岡鄉呂家的家廟；妙本和姊妹妙塵、妙觀、妙識、妙湛、妙偏等人，先後完成了毘盧寺的各項建設。

我在一九五一年初認識妙本法師時，她還沒有落髮，因爲她在《菩提樹》雜誌上，看到我一篇翻譯自日本森下大圓先生的《觀世音菩薩普門品講話》，她覺得深合其意，就專程到新竹拜訪我，希望我能夠前往主持在毘盧寺創辦的佛學院。

那時，正是李子寬居士決定將新竹青草湖的臺灣佛教講習會搬到臺北善導寺，不願續聘我的時候，我的前途有兩個選擇：一個是到宜蘭弘法，二是到毘盧寺辦佛學院。一九五二年底，我到毘盧寺瞭解察看的時候，一點辦學的念頭都沒有了。

爲什麼呢？第一個原因，雖然住持妙本對辦學很熱心，不過她的寺院日本色彩太濃厚，上下殿堂、進出房間都要脫鞋子，這是我第一個不習慣的。第二，毘盧寺所在的山上沒有水。要辦學，水源是很重要的，時代已經不同了，我不能教學生像我們過去住在山林的時候一樣，每天還要到江邊挑水。所以，我就只有感謝呂妙本的好意，跟她說明寺裏缺水的困難。她也能夠理解這是一個非常實際的問題，只有說等以後改善了再講。就這樣，過了農曆新春，我就一心不二地到宜蘭弘法去了。

經過這次接觸以後，呂妙本和我並沒有因爲學院辦不起來，就互不來往。我記得在宜蘭弘法的時候，她曾有兩次前往探望。不過那時候，簡陋的雷音寺和毘盧寺相比，簡直像是土地廟與大叢林，她的毘盧寺，是一座現代建築，金碧輝煌，位在山丘上，居高臨下，風光明媚。猶記得我走訪毘盧寺時，看到寺中有一幅由近代佛學大家歐陽漸（歐陽竟無）題寫的「毘盧寺」三個字，大爲稱嘆。因爲在當時，能擁有歐陽大師的題簽，這可是臺灣值得紀念的珍寶。

而宜蘭雷音寺，是位在一個小巷道裏面，汽車都開不到門口，裏面還住了軍眷。在面積只有三十多坪的小佛殿，殿堂裏供了上百尊的佛神像；尤其，我的房間還和佛祖共用一盞電燈，實在是自慚形穢，完全不能相提並論。

呂妙本爲我感到很惋惜，認爲我到宜蘭實在是太委屈了。雖然雷音寺和毘盧寺比起來相形見絀，但我並不覺得委屈，因爲在宜蘭這個地方有青年人，我就是希望能接引這許多青年，相信只要我好好跟他們在一起相處，在將來，他們都會是佛門的龍象。我記得後來呂妙本也辦過「佛教佈教人員講習會」，可見她是很熱心於

佛教弘化事務的人。

一九七四年，吕妙本發心出家，由道安、賢頓、聖印三位法師爲她主持剃度，隨後在萬佛寺求受三壇大戒。她出家後，更加熱心法務、教育的推動，以弘法利生爲己任，並且終於完成了她在一九五二年時就跟我提到的心願——創辦毘盧佛學院。我爲了響應她的熱心辦學，還曾派了兩個徒弟到她那裏念書，表示我支持的心意。

之所以在這個章節談起妙本法師，主要是因爲最早她對文化和教育的關注，我引以爲志同道合；後來雖然我們沒有合作，各行其道，但是至今回憶起來，應該也算是我在臺灣相當親近的佛門道友了。

如學比丘尼

談到臺灣重視佛教教育的比丘尼，就不能不提到一九六九年在南投碧山巖寺創辦「南光女衆佛學院」的如學法師。所謂「不是一家人，不進一家門」，說起我和如學法師的因緣，還得先講述她的師父玄深比丘尼。

玄深法師出生於一九一三年，出身新竹望族，其主持的壹同寺，最早是她出家的祖母創設，算是一所私人的家廟。

和她的認識，是我還在新竹青草湖靈隱寺臺灣佛教講習會教書的時候。因爲靈隱寺和壹同寺相隔只有一小時路程，不是很遠，我在上課時，玄深法師都率領徒衆前來聽講，就這樣結下了因緣。

後來，在我每個週末前往新竹城隍廟前街頭佈教時，她也常常替我翻譯。壹同寺在當時新竹市的寺院當中，被認爲是一個貴族的寺院，她們對外都沒有來往，真可謂「門雖設而常關」，不過，她們在佛法上相當精進，不落人後，後來還辦了壹同寺女子佛學院。

我感念玄深法師爲教的熱心、做人的高貴，所以就很願意爲她們服務。她另外一個徒弟叫如琳法師，

一九八一年在竹東大覺寺晉山的時候，特地找我去送座，我也應命前往。就是這樣的因緣，後來她還將竹東大覺寺交給佛光山管理。

如學法師和玄深法師同齡，也是一九一三年生，臺灣新竹人，但玄深法師早她出家，並且繼承壹同寺。因爲玄深法師的關係，我和如學法師就像是同道一般，有佛門的友誼。尤其，一九五九年發生「八七水災」時，如學法師的常住碧山巖寺被洪水沖毀，我特地前去探望，希望可以在南投幫她們安定人心，佛法再起。

結下了這樣的因緣之後，一直到了一九七〇年代，如學法師請我去爲她的徒衆開示。原來，她希望比照佛光山建立僧團的制度和理念，能成立一個「師子會」（師徒會），她要我去講說師徒會如何成立。其實那時候，我也不懂她想要建立什麼樣子的團體，不過我想，她交給我這個任務，或許將來有因緣，她的弟子可以和佛光山的弟子聯誼往來，大家共同爲佛教努力發展。但世間事並不這麼輕易都能如人所願的，雖然如學法師自己對佛教的團結有著殷殷的期盼，但在人事紛紜中，她也無可奈何，而我終究也沒有能幫她辦成「師子會」。

如學法師是日本駒澤大學的高材生，可以說，是一位正牌的日本留學僧。「八七水災」之後，如學法師在臺北興建法光寺，第一期工程纔剛完成，她就開始籌備「法光研究所」，同時利用週末的時間，教導臺北大都會的民衆禪修。後來，她爲了興辦佛教的高等教育，在一九八九年正式創設了「法光研究所」，真可說爲了教育、爲了弘化不疲不厭。

這些年來，有一點我覺得對不住如學法師的是在一九八〇年代，文化大學創辦人張其昀先生有意成立宗教學院，要我協助籌建玄奘館。如學法師一得知，就率先出資一百萬元。以那時候的價值，超過現在的一千萬元以上了。後來，張創辦人因年老體弱，已經無法處理校務，我把所有募得的款項，悉數交給文化大學新任董事長張鏡湖先生處理。結果文化大學一直對玄奘館沒有交代，至今也沒有下文。這就是我覺得對不起如學法師的

地方。

不過，後來如學法師在美國洛杉磯創建了法光寺，其弟子禪光法師擔任住持，和佛光山西來寺時有互動，輪流舉辦佛誕慶典、供僧法會等，信徒彼此也都相互往來。我想，這都是受如學法師的交代而影響的吧！

如學法師的身材高大魁偉，具大丈夫相，對佛教相當有遠見，做人也肯犧牲奉獻。我覺得，做爲一個出家人對佛教有無貢獻，就看他能不能喜捨佈施，凡是能喜捨佈施的人，他對社會的弘法事業必定都能展開，就怕只受人供養，自己一毛不拔，要想弘傳佛法，這會是很難成就的事。

尤其，今後的社會，必定是一個服務的社會，誰能爲社會服務，誰就能生存，誰不能爲社會提供服務，誰就走不出山門。佛祖雖然坐在大雄寶殿裏，但我們要知道，他的應化身是徧滿虛空、充塞法界，二六時中，時時刻刻都在人間爲衆生服務，廣結善緣的。

所以，對於如學法師這樣熱心教育的比丘尼，以及其關懷社會、關心佛教事業的熱忱，我們應該向她深深地合掌致敬。

慧定比丘尼

慧定比丘尼，臺灣美濃人，一九二八年生，比我小一歲，小學畢業就出家了，她還有一個同齡的師兄名善定，她們的師父是在家的師姑，師公能淨老和尚，是一位有德的高僧。那時候的臺灣佛教，以爲住在寺院修行的師姑就是出家人，不過，沒有落髮，在中國佛教的傳統上總不被認同，後來她們的兩位師姑，爲了徒弟，也就跟著落髮出家了。

慧定和善定都讀過「臺灣佛教中學林」，一九五一年，我在臺灣佛教講習會擔任教務主任的時候，她們也在其中讀書。可以說跟我親近最多，後來影響最大的，也是她們師兄弟二人了。

在臺灣埔里，有彩蝶翠谷；在美濃，有黃蝶翠谷，黃蝶翠谷就在朝元寺邊緣。朝元寺位在美濃的深山裏，地址是「竹頭角廣林里九號」。從美濃市區進去，要經過兩次撩水涉溪而過。能淨老和尚就是因爲撩水不慎而圓寂，所以徒弟們就發心把橋修築起來了。

慧定、善定在講習會讀過書，接受大陸佛教叢林的思想訓練，師兄弟兩人非常聰慧，閩南語、客家話、日本語都是一流的。以此因緣，後來我在高雄建了壽山寺，由於我自己不想住持寺廟，就請慧定和善定她們兩位來擔任當家。

但是，當時她們也有朝元寺要發展，實在難以兼顧。加上慧定又想到日本攻讀學位，而我也要籌辦壽山佛學院，大家弘法的方向不同，所以，她們只在壽山寺當家一段時期，之後慧定就到日本立正大學，和聖嚴法師、淨海法師成爲同學了。

這兩位師兄弟，因爲崇拜中國佛教的傳統，自從講習會畢業之後，回到朝元寺，就把過去臺灣寺廟神佛不分的情況完全革除，改爲純正的佛教寺院。當初，能淨老和尚修這座寺院的時候，建材都要從臺南購買，慢慢地將一磚一瓦挑到美濃寺院的現址。想起那時工程的困難，實在比現在的臺北一〇一大樓還要浩巨。

能淨老和尚圓寂後，慧定、善定二人增建了朝元寺的廂房，也如佛光山有朝山會館、許多的客堂、教室，另外也設有關房。聖嚴法師曾經在朝元寺兩度閉關，前後共六年。南亭法師、東初法師、道安法師，都因其二人思想先進，與中國佛教契合，所以先後曾在朝元寺短期駐錫。可見，朝元寺在臺灣光復初期，可以說是最早和大陸佛教融和的臺灣寺院了。慧定後來也把弟子融文、融慈送到佛光山叢林學院就讀，融文畢業的時候，我特別寫了「融文是爲真佛子，學慧能成大丈夫」（學慧爲融文的內號）的聯語送給她，她至今仍保留著。

我與朝元寺還有一件難忘的因緣。佛光山的大慈育幼院曾經養了一隻土狗「黑虎」，住在對面佛光精舍裏的老人家，因爲「黑虎」經常亂吠，擾人安寧。爲了解決這個問題，我只得另外找了一隻温馴的小狗，安撫育幼院的院童，同時，請朝元寺的慧定法師收養「黑虎」。八年後，我和慈容法師及徒衆訪問朝元寺，「黑虎」竟然還記得我們，熱烈地摇著尾巴表示歡迎，親熱地跟前跟後，對於我把它送走的事，一點怨尤之色都没有，實在令人感動。

雖然朝元寺是在窮鄉僻壤的深山裏，但慧定、善定師兄弟二人，弘法利生不落人後。因爲寺院距離鄉鎮較遠，即便現在有公路通行，也要花上半小時的車程。所以那時她們就在美濃鎮上購地，辦有慈能幼稚園，辦得有聲有色。

我提起她們的主要原因，是因爲她們師兄弟二人没有地域觀念，不分本省外省，也不論親疏，只要是爲了佛法，大家有志一同，不分彼此，都可常相來往。並且，她們從小學畢業就獻身佛教事業，建寺、辦教育、弘法度衆一直到現在，至今已經是八十多歲的老人，爲教的熱忱仍然不減，這對本省比丘尼來説，應該要以她們作爲模範。

總結

臺灣的比丘尼很多，有的發展慈善，有的推動文化，有的興辦教育，有的從事教化，都爲佛教寫下了不平凡的歷史。例如創辦華梵大學的曉雲，慈濟的證嚴，香光寺的悟因，臺北大佛寺的能定，慎齋堂的普暉，弘誓學院的昭慧、性廣，慈明中學董事長常露，香雲寺的明虚，圓照寺的敬定，前佛青會理事長修懿比丘尼等；另外，還有更多的優秀比丘尼，都是一方之主，她們也都很發心護教，廣傳佛法。

現代的比丘尼，真是爲佛教撑持了半邊天。

長者居士們的貢獻

佛教有四衆弟子，所謂比丘、比丘尼、優婆塞（男居士）、優婆夷（女居士），這四衆弟子在佛教裏，尤其是對今日臺灣的佛教，可以說都有莫大的貢獻，這也足以證明：四衆同心協力，佛教纔能普徧十方。

早在民國初年，大陸的一些佛教居士，如楊仁山、歐陽竟無、唐大圓、韓清淨、黃智海、章太炎等，有不少都是一代大儒；由於年代關係，我和他們沒有來往過。但是在臺灣，倒有一些有佛緣的在家居士，我和他們也曾結過一些法緣，今僅憑回憶，略述如下。

李炳南

首先要介紹的是李炳南居士。李炳南（下稱炳老）名豔，字炳南，號雪廬，山東濟南人，一八九〇年出生。一九三七年起，即一直擔任「大成至聖先師奉祀官府」的主任秘書之職，也就是孔子奉祀官孔德成先生的秘書長。

過去孔子奉祀官是政府一個特任官的職位，炳老擔任孔德成先生的秘書多年，直到九十歲纔請辭退休，所以他曾自嘲爲「政府最老的公務員」。事實上，早在一九二〇年他就當過大陸莒縣的典獄長；一九四九年來臺以後，先後擔任中興大學、東海大學、「中國醫藥學院」教授，在臺灣數十年都居住在臺中，直到一九八六年去世，世壽九十七歲。

由於炳老早年皈依印光大師，一生致力於弘揚淨土，他在臺中創建佛教蓮社，領導念佛；光復後的臺灣，最初念佛風氣之盛，絕大部分與炳老提倡淨土有關。

炳老在一九五〇年，與董正之、徐灶生、朱炎煌、張松柏等人籌組、成立臺中佛教蓮社，每個星期定期念佛，每次集會都有數百人，一直維持至今不輟。

說到當年的臺中佛教蓮社，真是猶如古代慧遠大師的東林寺，他們念佛共修，成就道業者衆，在《念佛感應往生記》中，記載了不少念佛感應的事跡，如李清源、林清江等居士往生淨土，都有明證。甚至該書作者林看治居士，本身也如願往生西方，火化後得數百顆舍利子（見《念佛感應見聞記》）。他們都是佛教蓮社的居士，能夠修行有成，真可謂「古有慧遠，今有雪廬」。

一九五五年「中華佛教文化館」發起影印大藏經活動，我與南亭老法師組織「影印大藏經環島宣傳團」，當我們巡迴到臺中時，也承佛教蓮社大力支持。炳老不但對國學、淨土的義理多有發揮，據說他對佛學的表解就有數千則，雅俗皆懂。尤其《十四講表》，在大專學生裏流傳甚廣。

因爲炳老對儒學、佛學都有精湛的研究，常以學人自居，與他來往的居士，如周邦道、蔡念生、周宣德、董正之等，都成爲他的崇拜者。後來炳老也收皈依弟子，他們都自稱是李老師的學生，不稱師父。

他的學生很多，在當時的臺中佛教，炳老堪稱爲王；其時能在臺中與之分庭抗禮的，就屬聖印法師了，所以我也曾讚嘆聖印法師了不起，他在臺中建設慈明寺與萬佛山，與炳老一僧一俗，都爲臺中佛教寫下一時之盛。

一九七〇年，炳老創辦《明倫》月刊，炳老尤其重視佛教弘法檀講師（居士）的培訓，他於一九七四年在美國船王沈家楨居士資助下，創辦「內典班」（內典研究班），目的就是爲了培育弘法人才。其門下弟子如朱斐、鄧慧心、許炎墩等，都是佛教蓮社的重要幹部，在他們協助帶動下，一時念佛蔚爲臺灣的風氣。當時鄧慧心居士因聽從炳老的意思，與朱斐居士結婚，其對炳老的崇拜，可見一斑。

炳老精通世學、佛學，基本上是儒佛兼弘，但實際上是儒爲體，佛爲用。他也曾專習醫學，人又慈悲、熱忱，所以在度衆上真是得心應手。在初期臺灣的經濟不怎麼發達時，他就如慈濟一樣，到處救濟，曾經獲得海

內外信徒贊助，創立菩提醫院、慈光圖書館、樂隊、口琴隊、文藝班等，鎔新舊於一爐，引導青年，避開僧團，以老師之稱，收徒納衆，有別於佛教僧團，也爲佛教開闢出另一番天地。

炳老對於淨土的信心絲毫不能動搖，印順法師曾著有《淨土新論》，內容對於西方淨土稍有批評，炳老就在臺中倡導焚毀《淨土新論》，鬧成很大的風波。不過印順法師做人也很隨和，他知道自己初到臺灣，不願意和龐大的居士集團對立，所以在菲律賓弘法時，向菲律賓的信徒募集淨財，捐獻給炳老興建「太虛紀念館」，於一九六五年動工，樓上供奉釋迦牟尼佛像及太虛大師畫像，作爲大殿及講堂，提供病人及老人作早晚課誦之用，樓下則爲辦公之用。

炳老在《菩提樹》雜誌上刊登佛學問答，數百期從未間斷，編有《佛學問答類編》上、中、下篇。其在初期爲佛教徒解除疑難上，很有貢獻。

對於炳老，信仰他的人認爲他一心弘揚淨土，難能可貴；批評他的人認爲他過於執著。佛法不是只有淨土一宗，除淨土之外，還有很多法門，他不應該獨尊淨土，排斥其他宗派，只是專弘淨土。

不過炳老的淨土這一系，至今在臺灣佛教還是繼續發揮力量，所以對於臺灣念佛法門的推動，他有一定的功勞。而在臺灣的居士集團，以信仰爲中心的，也只有炳老這一支了。一些居士都稱炳老爲恩師，實際上以他九十多歲的高齡，德高望重，也有這個條件，堪稱一代宗師。

可惜生前沒有重視傳人，所以炳老一去，臺中佛教蓮社失去領導，幸好《菩提樹》雜誌有朱斐，瑞成書局有許炎墩，菩提醫院及菩提救濟院有于淩波繼承遺志；另有王炯如在《菩提樹》雜誌連載佛教漫畫等，都爲炳老的佛教事業延續於一時。

只是這許多人也垂垂老矣，其中于淩波居士業已往生，其在二〇〇四年編纂的《現代佛教人物辭典》，由佛光文化公司出版。書中對炳老的一生有詳盡的介紹，當可告慰炳老，並供後人緬懷。

周宣德（周子慎）

對臺灣佛教比較有廣泛貢獻，甚至比李炳南居士更具有影響力的，應該要算周宣德居士了。

周宣德又名叫周子慎，江西南昌人，一八九九年出生。一九四六年受政府派遣，來到臺灣接收臺灣糖業公司，後奉命擔任臺中後里月眉糖廠廠長。我認識他的時候，他已經在臺灣糖業公司擔任人事室主任。

據說他最初是信仰基督教，在和楊秀鶴女士做過數次辯論之後，終於改信佛教。他對臺灣佛教影響最大的，就是我請他參與佛教青年運動；因爲我知道佛教需要青年，青年也需要佛教，所以在一九五三、一九五四年的時候，就想發起青年信佛運動。後來有了一個機緣，知道臺灣大學等多所學校的青年，如王尚義、吳怡、張尚德等人，願意來參與佛教的集會，於是我把二十餘位青年約在善導寺見面。

會中，這些青年朋友們說，現在要叫青年人走進大雄寶殿，可能不容易，應該先有一些方便，來接引青年人親近佛教，例如郊遊等。確實，那個時候佛教沒有活動，郊遊、參觀寺院倒是一個好辦法。於是我們約好，第一次的集會活動，定在四月的某一個星期天，地點在中和鄉圓通寺，人數以八十人爲限。因爲那時候連坐個大巴士、遊覽車的錢都負擔不起，所以只有叫學生們前往圓通寺，大家在那裏見面。

會議商量過後，悟一法師就語帶警告地對我說：「你下次不要再把這許多青年人帶到善導寺來，爲了這許多青年人，就要花去多少費用，這我們可負擔不起啊！」我一聽，心裏一急，想到：這怎麼辦啊？我在臺北沒有一個落腳處，總不能老是和青年人在路上會面啊！

既然善導寺不准，就表示佛化青年的因緣還沒有成熟。不過就在這個時候，我看到前來參與的周宣德先生

還在善導寺院子裏，尚未離開。我一個小跑步上前，說道：「周居士，禮拜天在中和圓通寺和青年的會見，由於那天我有特殊的事情，恐怕不能參加，拜托你去領導他們好嗎？」

周居士一聽，非常歡喜，滿口應承，他說：「沒問題，沒問題！」接著我說：「總要買一點香蕉、糖果帶去，當成點心，以增加郊遊的樂趣！」周宣德當然也知道我很爲難，立刻又承諾：「這個沒有問題、這個沒有問題！」周居士的慨然允諾，讓我如逢大赦，覺得這一切都太美好了，真有得救之感。後來周宣德先生也就因此一手接辦起大專青年的活動。

周宣德實在是一位很熱情、很發心的居士，他在各大學都成立了佛學社團，如臺灣大學的晨曦學社、師範大學的中道學社、政治大學的東方文化研究社、中興大學的智海學社等。

他不但成立社團，提升大專青年學佛的風氣，而且透過南亭法師的介紹，認識了旅居加拿大的僑領詹勵吾先生；由於詹先生的發心，將位於臺北重慶南路一段精華地帶的一棟四層樓房出售，並將所得款項，全部捐給大專學生獎學金。所以一時之間，全臺灣各個大專學校紛紛以學佛，乃至能獲得這個鼓勵爲榮。

詹勵吾先生，又名詹昱齋，一九〇四年出生，安徽婺源人。詹先生對於臺灣教育的熱忱，對青年學佛的貢獻，居功甚偉。他多次把私產變賣，除了做獎學金以外，又成立「慧炬學社」，作爲獎勵大專青年長期活動的一個機構，並且印製書籍，分送給大專青年。如過去李恒鉞居士的《向知識分子介紹佛教》、尢智表先生的《一個科學者研究佛經的報告》，以及王小徐先生的《佛學與科學之比較研究》等，印行了不止數十萬冊，分送給青年閱讀。

詹勵吾先生對大專學生的所有捐款，全都委托周宣德居士在臺北主其事。他們之間的交流經常是靠書信往來，十多年間從未曾謀面；但我有機會旅行到加拿大，倒是和詹勵吾先生有過一面之緣。

他曾經想把加拿大尼加拉瓜瀑布邊，一百七十英畝的土地，捐獻出來作爲世界弘法中心。可是那時候我很年輕，一來不會英文，二者覺得加拿大稍嫌過遠，所以也就不敢承當了。後來聽聞他有意請聖嚴法師前往主其事，爲此我還特地去找臺北的張少齊居士，那時候他是「中華佛教文化館」董事長，我請求張少齊居士把這一個基金會讓給聖嚴法師，我想他當能向世界推展佛教。

後來加拿大的世界弘法中心雖然沒有辦理成功，不過聖嚴法師在臺灣的法鼓山，倒是辦得轟轟烈烈。這也可以說是不可思議的緣中緣。

周宣德居士和僧團很少接觸，基本上他對佛教的僧團並沒有太多的重視。不過，那時候臺灣熱心的居士們，如李炳南居士等，他們倒是經常召開會議，共商佛教的未來。

一九六七年，我在高雄縣大樹鄉創辦佛光山。到了一九六九年，因爲已經有了簡陋的教室，我就想舉辦大專青年佛學夏令營。但其時大專青年活動的這一區塊，好像全由周宣德包辦了，能獲得他的同意，得以舉辦活動來接引青年學佛的，就只有臺中的明倫學社和蓮因寺的齋戒會。

不過，當時我在佛光山開辦大專青年佛學夏令營時，也邀約了周宣德前來擔任講師；他念及我過去和他共度青年的因緣，毫不遲疑地答應全力幫助我。加上這時我也有「救國團」給我很多的因緣，所以後來佛光山和大專青年，也就因此結下了不解之緣。

周宣德居士熱心佛教的程度，已經超越了對公家職務的用心，我知道那時他是臺糖公司的人事主任，實際上我看他都在佛門裏舉辦一些青年活動。例如我爲了大藏經的發行，在做環島宣傳時，有一次，我人在鬥六，他特地開了一節火車，把我們青年弘法團的數十人，帶到彰化溪州的臺糖總公司去宣講佛教。

周宣德居士是一個充滿活力，做任何事情都能擔當、負責的人。晚年長居美國，仍傾全力設立了南加州慧

炬社。現在臺灣的大專青年活動，要找一個像他這般熱忱、發心的人，實在不容易。不過，臺灣的教育生態也一直在改變，現在臺灣佛教也有一些是出身於過去大專青年佛學社團的人才，目前分佈在海內外，可以說也替佛教增加了光彩。

佛光山開山初期，也承蒙周宣德居士的不棄，多次來山關懷大專青年的運動。總說當時臺灣青年學佛的系統，一是周宣德的慧炬學社，二是佛光山的大專佛學夏令營，三是在臺中蓮社設立的明倫社，四是蓮因寺的齋戒會。但是現在還在繼續不斷努力的，有佛光山的青年團，包含了百個大學以上的數千個團員，並且每年舉辦多次的活動。

在佛光山的臺北道場，有專設的青年團辦公室，其活動的範圍已不局限於學校的青年，逐漸地也往上拓展到社會的青年，甚至往下紮根於高中生。乃至和國際佛光會舉辦的「人間佛教」讀書會合作，並與國際佛光會在世界各地的青年團，都經常互相交流。

例如，二〇〇一年青年團在馬來西亞的綠野仙蹤國際會議中心，舉辦了八千人的世界青年活動；二〇〇五年參加聯合國NGO組織友善大使基金會所舉辦的「第二屆國際青年會議」。甚至由青年團的青年所譜曲的Harmonize（和諧）一曲，也承蒙聯合國認定，作爲聯合國倡導、推展的音樂。二〇〇九年，青年團更於日內瓦聯合國會議廳出席「國際青年參與聯合國事務入門」圓桌會議。近年來甚至遠至巴西、印度、菲律賓等國家做「公益旅行」，爲當地的兒童、老人服務。

不過，現在我們要虔誠祝福周宣德居士、詹勵吾居士，希望他們在天之靈，還是要繼續幫助臺灣佛教青年的發展；因爲佛教唯有重視青年，纔會有未來的希望。

朱鏡宙

論及臺灣百年佛緣，對臺灣佛教有重大貢獻的，除了上述李炳南、周宣德兩人之外，再有應該就是朱鏡宙居士了。

朱鏡宙居士，浙江樂清人，一八八九年生，一九八五年去世，享壽九十六歲。因爲鄉居靠近浙江雁蕩山，所以又稱「雁蕩老人」。

綜觀朱鏡宙居士的一生，曾做過財政廳廳長、稅務局局長、軍需處處長，以及從事新聞編輯、總編輯、主筆多年。他是章太炎的女婿，章太炎的第三位女兒就是嫁給他。

我想他一生最大的事跡，第一就是做了蔣介石的基本幹部。他二十四歲加入國民黨，在大陸期間，一直受蔣介石的調遣，也算是「忠黨愛國」之士。來到臺灣之後，又擔任「光復大陸設計委員會委員」。

第二，他曾受大總統徐世昌資助三千銀元，周遊東南亞各國，進行考察，開闊視野。所以，後來他在川康藏各地管理稅務、財務，對國家深有貢獻。

朱鏡宙居士身材不高，也不胖，但是精神活力高人一等。因爲信仰佛教，所以初到臺灣時，看到臺灣佛教幾乎是一片文化沙漠，便創建臺灣印經會，發心印行經書流通。

在那個時候，佛教書籍可謂一書難求，但是臺灣印經處大量地供應，幾乎只夠回收成本，泰半是以贈送爲多。當時印經事務乃由他的得力助手周春熙居士主其事，每個月都有多種經書出版。我們在各地講經時，沒有經本根據，都會向臺灣印經處請購，有的一本五毛錢，也有的一本一塊錢。所以在流通法寶方面，他和香港佛經流通處的嚴寬祜，同樣都是讓法寶重光、法音宣流的模範，可以說功德無量。

朱鏡宙居士的信佛因緣，有一說是因爲見到太虛大師，太虛大師送給他一本《金剛經》，他讀了忍不住痛

哭流涕，深受感動而皈依佛教。

又有一說，他曾經在夜間走路時，看見一位女子在前面行走，起初不以爲意，後來發現她竟只有半身飄浮於空中，一時大爲吃驚，嚇出一身冷汗。爲此，他感到世道奇妙，對於人間「靈」的世界有一份好奇，因而皈信佛教，希望進一步探討。

我和朱居士是在臺北結緣的，我們經常在善導寺見面。但是我發覺朱居士看我們似乎不太順眼，好像一直很想對我們有所教訓、開示，只是他也摸不清我們的底牌。既然大家在善導寺的大雄寶殿裏見了面，就天南地北地聊起來，有時也是各說各話。

據我的觀察，朱鏡宙居士是屬於傳統佛教的一派，他的觀念裏，認爲出家人還是應該保留「苦行僧」的形象；和臺中佛教蓮社李炳南居士等人類似，他們並不希望僧侶走向社會，而是留在山中寺院自修自了，也就是所謂的「爲僧只宜山中住，人間社會不相宜」。

其實，佛法要在大衆中求，連佛陀都説他在衆中；僧團就是一個「衆」，要在衆中纔能成佛，離開了羣衆哪裏有佛呢？所以後來我到宜蘭主持宜蘭念佛會，爲了讓道場裏不是只有幾位老公公、老婆婆在那裏專修念佛，因此我成立了弘法團、學生會、文藝班、歌詠隊等。

當時我引導青年人唱佛歌，宜蘭中學的楊勇溥老師對我的幫助最大。我寫好歌詞，他爲我譜曲，如《西方》、《鐘聲》、《弘法者之歌》等，就是在那時候完成的。

他除了譜曲以外，也教唱，而我則只是替來唱歌的年輕學生們搬凳子、張羅歌譜罷了。那時候因爲生活窮困，我對楊勇溥老師，幾乎是連倒一杯茶請他喝都很爲難。所以在這種艱困的環境中要推展佛法，只有靠著青年人對唱歌的愛好了。

當時我甚至於在念佛共修結束後，也都是用一曲佛歌作爲圓滿。在臺北的朱鏡宙居士聽到這種情況，深不以爲然，認爲我敗壞佛教，對我滿懷瞋心，甚至要把我除之而後快，這也可見朱居士信佛的性情之剛烈了。但是每當有人告訴我這許多有關朱居士的看法時，我一點兒都不介意。事實上，我和他在臺北會面的時候，他並沒有對我表示不滿、反對，我們還是客客氣氣地對待彼此，更是經常天南地北地談話。

朱居士創辦的臺灣印經處，我也是他們的重要主顧之一，無論我行脚到哪裏、弘法到哪裏，都會介紹大家向臺灣印經處請購佛書。因爲那個時候没有廣告，也没有傳真，更没有網路，一切的東西要推行，只有靠口耳相傳。

爲了臺灣印經處，我特地在宜蘭念佛會設立一個分處，擺放一個櫥櫃，裏面專門陳列臺灣印經處印行的書籍。所有書籍，都是我揹回宜蘭的；因爲不值幾個錢，所以我就拜托當地的一位老尼師，我說：「妙觀師，請你代爲看管這個櫥櫃，如果有人買書，賣了的錢就是你的。」

多少年間，從我這個櫥櫃裏賣出的書，全部所得都是交給她，我從來没有拿過一毛錢。現在想想，我這個人還真奇妙，我自己不也没有錢嗎？爲什麼賣了書的錢不要？我想，最主要的，還是由於自己不貪。

後來我在臺北三重成立佛教文化服務處，還是專門流通佛教文化書籍爲主；臺灣印經處的書，當然也是我服務、推介的重要對象。這一切的一切，朱鏡宙居士可能都不知道，但是替他工作的周春熙應該非常瞭解，因爲我向臺灣印經處，一百本、兩百本地訂購，都是周春熙居士爲我包裝的。

過去朱居士在世時，我們無暇談論於此，今天爲文至此，不禁要和朱居士報告一聲：你我雖然思想不同、看法不一，但是爲了佛法，我們還是殊途同歸啊！

朱居士在中青年的時代辦過許多雜誌、報紙，在文化宣揚上有許多的貢獻。來臺後，他已經逐漸進入中老

年時代，這時他轉而弘揚佛法，態度非常認真。

據聞他曾在廈門大學擔任過教授，但是他的浙江口音實在不敢恭維，比蔣中正先生的浙江話還不容易聽得懂。另外，聽說他初到臺灣時，也在觀音山閉關過，晚年時在臺中正覺寺居住；他爲佛教宣揚，佛教也照顧了他，這應該是信者、受者，各有所得吧！

蔡念生

居士弘揚佛法，除了上述三位以外，其實有佛緣的居士，可以說比僧侶更多，就如我接觸的「國大代表」蔡念生居士，也是其中之一。

蔡念生居士，安東省人，一九〇三年出生，他是安東省的「國大代表」，在我認識蔡念生老居士時，他就一直投稿給《人生》雜誌，而且是長期不斷，也不計稿酬。

我曾經到他府上拜訪過，見他在炎熱的夏天裏，穿了一件無袖背心，滿身大汗地伏案疾書。他在佛法的研究上，下過很深的功夫，著述也多有見解。他的著作《鳥獸春秋》上、下冊，就是由我成立的佛教文化服務處所出版。「鳥獸春秋」這個書名是我替他取的，奇怪的是，那時候沒有人買這本書；現在想起來，這本書實在是不錯，不知爲何會如此？

其實，當時他是爲了幫我的忙，因爲他看到我的佛教文化服務處，想要出書，但卻沒有書可以出版；爲了捧我的場，所以索性就把《鳥獸春秋》這本書交給我出版了。

我和他來往的機會很多，他實在是一位恂恂儒士，爲人正直，對我們青年僧侶尤其愛護、尊敬，所以今日回憶起他的道貌形態，還是非常感念，永銘於心。

記得當時初來臺灣的「國大代表」，都很貧窮，大概是因爲那個時候纔剛選過「總統」就撤退到臺灣來，而「國大代表」要靠開會纔有收入，沒有開會，恐怕連吃老本都很困難。

蔡念生居士塊頭很大，講話非常豪爽，一有所論議，總是滔滔不絕。他自己寫作之外，也很關心佛教文化，他曾經和趙恒惕、鍾伯毅、屈映光等許多國民黨元老，發起影印《中華大藏經》。

我也參加過他們幾次召開的大藏經會議，覺得蔡念生居士其人有一股傻勁，那時《中華大藏經》的發起人雖多，但是對於印行大藏經，蔡居士有一股捨我其誰的勇氣。

可惜《中華大藏經》只是影印本，並未予以整理。但是蔡念生居士確實爲歷代所有的藏經版本，都做過一番審查，並且出版了一本《三十一種藏經目錄對照表解》，工程非常浩大。

儘管《中華大藏經》的印行，只是保有前人的智慧，並沒有增加新意，但畢竟那時候宣傳大藏經最方便的方法，就只有影印，況且幾年纔出版一本，可見其經費困難。

後來佛光山發起編纂《佛光大藏經》時，我把它分爲十六類，其中最困難的五類，現在已經出版了，其他也即將完稿。若能再假以兩三年的時間，集合四十年的歲月，總能完成《佛光大藏經》的出版。

佛光山編纂的《佛光大藏經》，是經過重新標點、分段、考證、校勘、編訂、排版後，再加以印行出版。這一切工程都由佛光山的比丘尼主其事，先後有慈怡、慈嘉、慈惠、慈容、依淳、依空等人負責編修，希望能在二〇一五年，把這一套《佛光大藏經》全藏出版。

我覺得，蔡念生居士的《三十一種藏經目錄對照表解》，將來與《佛光大藏經》相互參考，必定有其意義。

蔡念生居士又名蔡運辰，「念生」是他的號。他爲《中華大藏經》擔任總編輯，花了二十年的時間，在沒有薪俸、沒有人鼓勵的情況下，不分春夏秋冬、寒暑歲月，在斗室裏埋頭苦幹；只要一有多餘的時間，便爲《人

生》雜誌和《菩提樹》做長期撰述。有人說他國學淵博、佛學深厚，信有然也！

蔡念生居士十六歲便參加秀才考試，那時他和老師同赴考場參加考試。放榜之後，他是第二名，而他的老師是第五名。其實主考官本來是要把他列爲榜首，只是從他的字跡上看去，應該是個年輕人，擔心他從此驕傲，所以就把他改列爲第二。但是從這一次考試之後，他也就有了「神童」的稱號。

另外，他十八歲的時候，出生地鳳凰城的縣長沈觀澄，要修《鳳城縣誌》，便邀請他和他的老師同來擔任編輯，兩人花了兩年的時間，編成了四大册，出版後叫做《鳳城縣誌》，直到現在，美國的國會圖書館都還保留了一部。

蔡念生居士二十歲的時候就步入了仕途，在奉天省（今遼寧省）分别擔任了科長、秘書及省府秘書長。一九二八年，張作霖被日本人預先埋藏的炸彈炸死，當時蔡念生就在同一列火車上，也被炸傷了。

一九四九年，蔡念生居士全家一起來臺，住在臺中市。由於當時臺灣光復不久，各地寺廟都保有日本佛教遺風，加上他很排斥日本佛教的作風，爲了消除這些陋習，便在《人生》、《覺世》、《菩提樹》等佛教刊物上撰寫文章，弘揚大乘佛教。

蔡念生居士是個懷抱理想、堅持信念的人，在莫德慧出任「考試院長」時，請他當「秘書長」，他卻怎麼都不肯答應，一心一意只想印行大藏經，也不是爲了錢。可以説，他的一生完全都是爲了信仰，雖沒有像李炳南居士那樣傳教，也没有像周子慎居士那樣辦理佛教事業，他就只是默默地在家裏寫作、編藏，但其實他的功德也不亞於其他人。

從一九五七年到一九七七年，這二十年的時間裏，蔡念生居士除了埋首在藏經的印行工作中之外，也在佛教雜誌上撰寫文章，後來結集出版的有《人生漫談》、《護生詩鈔》等。

周邦道

在我初到臺灣期中，有些在家信衆不但社會地位高，信仰也很虔誠。當中有好多是「國大代表」，甚至是「院長」、「部長」等，他們對佛教都很熱心參與和護持。例如曾任「司法院長」的居正先生，每次我在臺北參與「仁王護國息災法會」，或是由我主辦的一些法會，只要邀請他，他不但參加，並且出面當主事者。

再如曾任「監察院長」三十四年的于右任先生，人稱「美髯翁」，晚年自號「太平老人」，爲人親切平和，没有官僚架勢。他也是近代中國知名的書法家，曾送我多幅書法，可惜當時居無定所，没有地方懸掛，後來都遺失殆盡，也不知流落何方了。

接著要説的是「考選部部長」周邦道先生，他雖然身居要職，但是崇信佛教，爲人謙和有禮，生性淡泊無爭，没有一般官場的習氣，所以也是我非常尊敬的一位學佛長者。

周邦道居士有「民國狀元」之譽，早在一九三一年，當時中華民國在南京第一次舉行高等考試，周邦道居士參加應試，獲得榜首。這以古代的制度來説，就是所謂的「狀元」。

周居士字慶光，號「龍霧居士」，江西瑞金人，一八九八年出生，一九四九年來臺，一九九一年去世，世壽九十三歲。他在一九四五年，即曾主持過國家考試院；到了一九四八年，中華民國頒布「行憲」令後，周邦道以最高票當選第一屆江西瑞金縣的「國大代表」。

來臺後，曾任「考選部部長」，並先後擔任中興大學（時稱臺灣省立農學院）、「中國醫藥大學」（時爲「中國醫藥學院」）等多所大專院校的教授，以及文化大學佛學研究所所長，被尊爲「教育方家」。早年任職教育部編審時，就受歷任「教育部長」李書華、朱家驊、王世傑、陳立夫等人的器重，後任江西教育廳廳長多年。

與佛結緣很深的周邦道居士，禮敬李炳南居士爲老師，跟隨他學佛。早年也曾皈依過虚雲老和尚，並且在

一九五二年依止證蓮、斌宗法師受五戒與菩薩戒。一九七五年到一九七八年期間，我和他曾共同當選「中國佛教會」常務理事。只是我們在佛教會裏都是邊緣的人物，並不能有所作爲。

周居士服務公職多年，工作勤奮，例如：于淩波居士在臺中辦了一所高中，請他擔任校長；他每天主持升旗、降旗，晚上監督自修，到了深夜還在爲學生改稿。他信仰虔誠，對人非常尊重，跟這種人來往，也只有淡泊名利的人，纔能互相瞭解。

他的夫人周楊慧卿女士，幾乎是佛教蓮社每週必到的信徒；數十年持誦「大悲咒」不斷，後來相傳其所持誦的大悲咒水非常靈感。由於他們夫妻伉儷情深，夫唱婦隨，彼此從未有過疾言厲色的爭執。

現在國際佛光會正要表揚「佛光模範人家」，假如周邦道居士夫婦還在世的話，必然當選無疑。

張劍芬

和周邦道居士一樣是高考狀元的「三湘才子」張劍芬，十九歲就擔任縣長。來臺後擔任臺灣銀行襄理，我和他認識、往來，應該就是從這個時候開始。

張劍芬居士是湖南湘潭人，宣統二年出生，自號「無諍居士」。一九五三年，我在編輯《今日佛教》雜誌時，他爲我寫了許多佛教的成語故事，例如：頑石點頭、胡說八道、盲人摸象、空中樓閣等，他都能寫出種種的典故，可見其研究佛學非常用心。

他不善於攀緣，也不長於交際，但他有一個最大的特長，就是爲各佛教寺院道場書寫楹聯。他也曾替佛光山寫過一些對聯，至今都讓我讚嘆不已。例如，佛光山大雄寶殿供奉的是三寶佛，中間是釋迦牟尼佛，兩邊是阿彌陀佛和藥師琉璃光如來。他寫來的對聯，上聯是：「兜率娑婆去來不動金剛座」，下聯是：「琉璃安養左右同尊大法王」，把三尊佛像都做了介紹和讚嘆，不但符合主題，而且對仗工整，實在堪稱爲「絕對」。

此外，他又爲佛光山萬壽園題寫：「永念親恩，今日有緣今日度；本無地獄，此心能造此心消」，也是非常貼切。尤其，臺北的悟一法師和他交情也非常深厚，他也爲悟一法師作了一副對子：「迷即衆生悟即佛，二不成雙一不單。」「悟一」這兩個字，要嵌到對聯裏可以說非常困難，但他信手拈來，佛法奧義盡在其中，真是令人拍案叫絕。

他也曾以我的名字書寫一副對聯：「星辰影裏那伽定，雲水光中自在身。」尤其在一九七七年，佛光山開山十週年時，他又替我寫了《佛光山開山記》。坦白說，當時佛光山仍屬草創階段，百端待舉，實在並無繁盛可陳；但是經過他的生花妙筆，還是把開山的艱辛歷程描寫得十分深刻。後來我在佛光山東山建了一尊一百二十呎的接引大佛，特別造了一座大佛碑亭，將全文鐫刻其中。

一九七六年我在佛光山興建佛光精舍，當時就想到，過去很多護持佛教的功臣、護法，我們應該對他們有所回報，所以願意提供十個房間，專門供給有功於佛教的居士們，作爲退休養老之用。我覺得他們一生爲佛教奉獻，到了晚年應該要有人奉養。

當時我列的名單有：張劍芬、趙茂林、馮永楨、王鄭法蓮等等；當我要把這十個房間提供給「中國佛教會」，由「中國佛教會」頒發給他們的時候，悟一法師沈著臉教訓我：「你以爲你了不起？只有你能代表佛教做好事？你知道，你洗臉礙到鼻子，難怪很多人不喜歡你。」這時我很訝異，也忽然發現，原來發心爲了佛教做事，有時候也不見得能得到別人的認同與諒解。

一九七九年張劍芬居士因病逝世，由於他在臺無親無友、無子無女，對他俗世的生活我也不太瞭解，所以他的後事都由我處理。甚至於在他晚年時需要洗腎，經費也都是由我負責。那個時候洗腎費用相當高昂，不是

他一介公務人員可以負擔的，他也沒有保險。感謝張劍芬先生爲佛教做了很多事，他能給我機會，讓我爲他盡一點心意、結一點善緣，我是非常心甘情願的。

張劍芬居士的靈骨，現在就奉安在佛光山的萬壽園。從他往生至今，算起來也有三十餘年了，從未聽說他有什麼後人前來憑弔。我倒希望他曾幫忙寫過楹聯的那些寺院的當家、住持，或曾受他題過對聯的那些出家人，有機會能到佛光山，在他的靈前上香獻花，也算是對張劍芬居士聊表一番心意。

趙茂林

和張劍芬同樣爲佛教熱心、同樣受我尊敬的居士，還有一位趙茂林居士。

趙居士，江蘇鹽城人，一九〇三年出生，二十歲就在上海大江南飯店當經理。後於一九二九年，時年二十六歲時從軍，在黃百韜將軍的麾下擔任參士。黃百韜將軍在一九四八年淮海戰役身亡之後，趙茂林居士捧著他的遺骨前來臺灣，可見此人的忠義之心，從他的言行中早已流露無遺。

趙居士來臺以後，擔任羽毛公會的總幹事；因爲膝下只有一子，其他別無家室，而他篤信佛教，所以在各個道場的法會中，經常都能見到他高大的身影。那個時候，一般寺院都沒有裝置麥克風的音響設備，宣佈事情發言困難；由於趙居士聲音洪亮，法會中如有事情要宣佈，大都會請趙茂林居士代勞。千餘人的場合，他的音量必能傳達到每一個人的耳中，所以在善導寺、華嚴蓮社，或者其他外省的小道場裏，經常都有人歡迎他前去參與法會。

因爲趙居士參加法會的機會多了，他對佛教的梵唄唱誦，猶如出家僧侶一樣。一臺焰口，他能從最前面的「會啓瑜伽最勝緣……」，一直背到最後「金剛薩埵百字咒」，甚至放焰口的大德們，唱腔稍有差錯的時候，他都能糾正，重複説明唱腔應該要「一板三眼」，如何爲梵唄定位等等。

佛光山於一九七〇年代，在臺北松江路購置臺北別院時，我也經常前往結緣。其時先由慈莊法師擔任住持，後有慈容法師接任，因爲他們對信徒都謙和有禮，熱忱接待，所以一時大樓的道場就顯得擁擠。

在沒有集會的時日，趙茂林居士常來相約，和我閒聊；有時，從早晨一直聊到深夜纔歸去，讓臺北別院的那許多法師們對我都非常佩服，説我對信徒的耐煩，他們是如何也及不上我。

其實，和趙茂林居士談話是一件非常愉快的事情。因爲他居住在臺北，佛門軼事、各家門風，甚至各人長短，他都毫不顧忌地坦誠直説，讓我這個長居南部的人，偶爾在臺北聽聽佛教的動態，也覺得很高興。

趙茂林居士不但是參加佛教的集會熱心，他每個禮拜到臺北監獄弘法，二十多年從未間斷，他在民本廣播電臺義務講説佛法，也是二十餘年從未間斷。趙居士古道熱腸，可惜沒有出家，如果出家爲僧，必然也是一代的大和尚。

趙茂林於一九八一年去世，世壽七十九歲。他不但跟我有同鄉之誼，而且他當佛教的義務傳教師，數十年如一日，如此的功勳不可埋沒。因此在他逝世之後，我也是盡朋友之誼，免費將他的骨灰供奉在萬壽園之中。他唯一的公子，不知是否常前來祭拜父親？

李子寬

除上述護持佛教的居士之外，再説到黨政人物中與我有緣，且將佛教作爲畢生事業者，首先當説李子寬居士了。

李子寬居士是國民黨元老，湖北應城縣人，一八八二年出生。於留學日本法政學校期間，加入同盟會，並

於辛亥年參加武昌起義，成功之後擔任鄂軍都督府參議。一九二二年，孫中山先生遭遇陳炯明叛變，登上永豐艦，奔赴黃埔。船隻靠岸後，停在白鵝潭，艦上所需的一切，就是由李子寬與居正等人負責運送、補給。在這危難之際，他能勇於赴難，也就深受國民黨的重視了。

與其說李子寬居士信仰佛教，不如說他是信仰太虛大師。一九二九年，太虛大師自歐美弘化歸來，在漢口佛教會講經說法，當時於湖北擔任財政廳長的李子寬，每天都前往聽講，之後便皈依了太虛大師。但是自從他皈依之後，眼中就只有太虛大師及他的弟子，此外的佛教人士，他也就鮮少往來了。或許也可以說，從他皈依太虛大師後，除了孫中山先生、蔣中正先生，太虛大師就是他的人生了。

李子寬居士曾在太虛大師創立的很多事業中任職，例如他曾擔任漢口佛教正信會會長、武昌佛學院院護、漢藏教理院院董、世界佛學苑董事。抗戰勝利後，他和太虛大師、章嘉大師三人，還被指定為「中國佛教整理委員會」的常務委員。

到了一九四九年後，李子寬居士將《海潮音》雜誌遷到臺灣，東初法師也把「中國佛教會」的招牌帶來臺灣。當時由於有孫張清揚女士以一千萬舊臺幣，李子寬居士以五百萬舊臺幣，兩人合資買下臺北善導寺，作為《海潮音》及「中國佛教會駐臺辦事處」會所。

李子寬居士在臺期間，最初只信賴太虛大師的弟子大醒法師，因此，在大醒法師病故之後，他便不斷地和香港方面聯繫，希望邀請演培、印順、續明、仁俊等太虛大師的門人、學生到臺灣來弘法。雖然當時在臺灣的慈航法師也是太虛大師的學生，但是慈航法師除了信仰太虛大師以外，還有很多佛教的理想，所以他們的弘法路綫也就稍有不同了。

後來，「中國佛教會」改選，白聖法師因票數超過李子寬，故而出任會長。但也由於李子寬居士最終以在家信眾身份對不過白聖法師，因此，那個時候，大家都認為這兩個湖北人彼此在佛教裏各立門戶。

不過，話說當年我們初到臺灣時，無依無恃，非但白聖法師不願意收容大陸年輕的僧侶，李子寬居士也不接受與太虛大師無關的出家僧侶。雖然如此，但也承蒙李子寬居士對我還蠻友好的，曾勸我加入國民黨做黨員。

在臺北善導寺時，偶爾和李子寬居士談起佛教的未來，他總是要我們僧青年加入國民黨。他說：「你們這許多法師，不加入國民黨，在臺灣就不能弘法，只有加入國民黨以後，纔有許多方便呀！」

其實，在我二十歲前，也就是抗戰勝利的那一年，就已經加入國民黨了。那時候，我並不知道什麼黨不黨的，只想到現在「國家」勝利，贏過日本了；在我的心中，並沒有「黨」的概念，就只是一個「國家」的想法而已。所以，當初我加入國民黨時，只想到這是一個愛國運動，僅僅是為了表達愛國之意而已。但是，後來我纔知道，原來除了國民黨以外，還有一個共產黨，而且國共兩黨正在對峙。於是我就把黨證給燒毀，期許自己日後過一個中道的人生，做一個中國人就好，也就不去管什麼黨派了。

當時因為我志在弘法，聽到他說加入國民黨能幫助我們弘法，我也就動心了。但是，我還是和他約法三章：第一、我沒有錢，無法繳納黨費。那時候，確實連買公共汽車票的錢都沒有，哪裏有錢去繳黨費呢？第二、我不能參加小組開會。我是一個出家人，若時常地要我和在家人組成的小組黨同伐異，那實在不是我的性格。第三、請國民黨保護我們的秘密身份，不要對外宣傳我們是黨員。

李子寬居士神通廣大，對我的訴說，似乎早在意料之中，立刻就全部接受了。或許也是由於他對黨和教都有信仰，所以兩方面都能配合，就這樣，我又成為國民黨的黨員了。

入黨後，確實為我帶來了不少方便。尤其在我弘法的生涯中，偶爾和各地的員警有些意見不同時，我總是大膽地和他們抗爭。我並非有多大的力量，只是想到我也是國民黨黨員，也就有勇氣了。

後來，臺灣步入民主，每年都要選民意代表，或者地方行政官員。因此，一到選舉，國民黨就會動員黨員支持，爲了臺灣的安定、和諧，我們當然也只有擁護國民黨的發展了。

當時一般人都認定我們是國民黨的鐵票，在我想，既然做了國民黨的黨員，管他是否公開，就等於一個女人嫁出去了，就是人家的媳婦了，應該誓不二心。只是後來當我在報紙上，看到我被選爲國民黨評議委員的消息時，我知道這個身份已經不再是什麼秘密了。

在此之前，大概是一九六一年左右，高雄市黨部主任季履科先生曾徵詢我的意見，要我競選「立法委員」。那個時候，只要由黨提名，都能順利當選，但是我奉行太虛大師「問政不干治」的主張，認爲佛教出家人可以問政，但不宜做官員。雖然進入「立法院」做佛教的核心代表，這也未嘗不可，不過，我以教爲命，以弘法爲要，對於問政並没有興趣，尤其以我當時的年紀，要我坐在那裏和諸位「立委」開會，我也不敢久坐，所以就婉言推辭了。

總而言之，李子寬居士對我是很好的，但是我嫌他把持教會。太虛大師也是我信仰的佛教領袖，但是我總覺得心中不能只有一人，而不容許他人的存在；就是釋迦牟尼佛，在他的心中，也還有藥師佛、阿彌陀佛、十方諸佛菩薩啊！因此，在我心裏，是反對李子寬居士的。

我現在書寫「一筆字」時，都常常寫「我在衆中」或「衆中有我」，就是因爲我非常不喜歡一人的天下，一人的事業，一人的公司。

後來，白聖法師掌握了佛教會，他的行事作風也如同第二個李子寬一樣，讓佛教會成爲一人的佛教會、十普寺的佛教會，並不能普徧地容納全體佛教徒，不能讓佛教會成爲佛教徒所共有。所以，「中國佛教會」也就與所有的佛教徒漸行漸遠了。

李子寬居士是一位有思想的人，只是他太執著於太虛大師的理想，而没有「全佛教」的理念；白聖法師也是一個有作爲的人，只是有個人英雄主義，爲了造就自己的名位，並没有想到佛教的未來。其實，他們的作法，並不是一位領導人應有的作爲。他們兩位湖北人，相爭的成見事小，可是影響了整個佛教，良深可嘆啊！

現在回想起來，我對李子寬居士還有一件事情不能諒解，只是我並不計較。我在繼承大醒法師於臺灣佛教講習會的教務工作時，我主動邀請比我資深的人前來主持院務，當時獲得了演培法師的首肯，我們彼此皆大歡喜。但是，李子寬居士他們卻私自在臺北會議，要請印順法師從香港到臺灣，並且把臺灣佛教講習會搬到臺北善導寺，不但指定了日期，而且已經通知了學生，但是就是没有通知我。那個意思也就是表明，我被他們「炒魷魚」了，他不要我隨著講習會到臺北。

這原本是可以引起爭端的，但是爲了佛教，我覺得還是忍耐下來爲好。所以，後來當學生們來對我說：「只要你答應，我們願意跟隨你留在新竹，不去臺北。」我想，如果是君子，就要有成人之美的雅量，也就奉勸他們到臺北去學習了。

其時，我也不是説没有去處，那個時候，臺中縣後里毘盧寺及臺南關仔嶺碧雲寺都要我去興辦佛教學院，他們也都派了代表來與我接觸。

毘盧寺曾有家族七人同時入佛道的記録，當時在臺灣傳爲美談。那時候，與我來往接洽的是姐妹當中最小的妹妹吕妙本，當時她應該也有六十多歲了，大姐吕妙塵等人早已往生。因爲在她們那個時代，承繼日本佛教的風格太深，所以我去後里毘盧寺的時候，儘管看到歐陽漸題的「毘盧寺」三個字，非常雄壯，巧奪天工，很有價值，但是其內部的設施，卻好像是一座日本寺院，上下都是榻榻米，也就讓我感到不容易適應了。

關仔嶺碧雲寺，則是一個神道不分的道場，不過，她們能有興辦佛學院的發心，還是相當可取的。

我自己一生不朝錢看，但是，總覺得辦學不能沒有預算。尤其在一九五一年左右，假如是辦一所小型的佛學院，以三十個學生來算，至少也要請四位老師，那麼一個老師，一個月一千塊錢的薪水，總加起來也就是四千塊錢，另外的六千塊錢，就作爲學生、教務等各種支出之用。

只可惜，當他們問我要有多少經費纔能辦佛學院的時候，我告訴他們，一年可能要花上十萬元，若是辦四年，也就要有四十萬元的準備。他們一聽，大爲吃驚，辦一個佛學院竟然要花費那麼多的資金？當時一年的花費就等於現在的一千萬元，所以談過以後，他們也就沒有再和我聯絡了。當然，不用說，這件事情他們實在難以做到。

真的很感謝李子寬居士、演培法師等這許多太虛大師的弟子，以及毘盧寺、碧雲寺這些不能具足的因緣，終於讓我在一九五二年的冬天，決定到宜蘭去。

當時宜蘭是一個什麼樣子的地方，我完全不知道，只知道它是位在東北部的一個偏僻鄉鎮，是一個生活很困苦的地方。但是我想，我應該適合那樣的因緣。到了宜蘭之後，很快地，我也就忘記過去李子寬居士那種沒有胸量的行爲。

其實，我曾親近過太虛大師，應該也可以說是他的再傳弟子，也聽過他的講演，可以說，我也是心儀、崇拜太虛大師的一個學生。但是李子寬居士卻不能容我沾上太虛大師的一點邊，容不得我有一席之地，可見他黨同伐異，格局太小了。但是，我一點都沒有記恨，當他在善導寺舉行法會或活動時，我還是前往協助。例如：一九六三年，「行政院」爲了美國來臺拍攝臺灣佛教紀録片，要求臺北善導寺辦理「護國息災法會」時，活動就是由我承辦的，也承蒙他們給了我一個短期的名義，擔任法會的主任委員。

之後，我也請演培法師到宜蘭講經。記得那時候，我請他宣講了好多天的「佛法概論」，並由當時宜蘭念佛會的才女張優理小姐，也就是後來出家的慈惠法師，協助演培法師翻譯。

綜觀許多人士，無論是在佛教界，或者在社會上，發展有限的原因，都是由於心胸狹窄、肚量太小。但是，不能容人，又哪裏能有天地人和呢？沒有天地人和，也就沒有事業了。所以，他們一面追逐名聞利養，一面忽略了天地人和，實在可惜！

不過，話說回來，李子寬還是一位對佛教很有貢獻的居士。最大的貢獻，就是他說服蔣中正先生，把臺北市政府的兵役科和警務處的交通大隊，從善導寺遷移出去。但是，這多少還是涉及個人自私的想法，因爲與他自己的獲益有關係。另外，印順法師和續明法師因有「親共」的思想，曾被「警備總部」拘提審問，也是靠著李子寬居士大力地奮勇護持，兩位法師的麻煩，纔由漫天的烏雲隨著青天白日的到來，終於煙飛雲散。可以說，這都是他對佛教最大的貢獻。

李恒鉞

再說臺灣佛教講習會，自從大醒法師病倒後，我便邀約心悟法師、心然法師前往協助。其間，李恒鉞居士等人也利用假日前來講學。

李恒鉞居士，山東濟南人，一九一〇年出生，是河北交通大學的高材生。一九四八年，隨著「中國石油公司」到臺灣，出任該公司新竹研究所工程師，四十多歲時升任副所長。當時，他主要研究的工程是苗栗出礦坑石油氣生產的問題。

因爲新竹研究所臨近青草湖靈隱寺，所以他們也就組成了一個研究佛學的團體，但是平時並無用武之地。因此，後來他們就自願於每個禮拜天，到青草湖臺灣佛教講習會，爲學生們講授現代社會學科，增加學生的現

代知識。

除了李恒鉞居士以外，還有程道腴、許巍文等人，當中則以李恒鉞爲首，因爲他的著作《受過現代教育者介紹佛教》一書，那時在臺灣非常流行，發行不止數十萬份，尤其《慧炬》雜誌當年推動大專青年學佛運動，可以説幾乎人手一冊。乃至於，經常能接觸到社會有心人士的各個寺廟，也都參與推銷雜誌。所以，因爲這樣的關係，佛教也就慎有其事地跟隨現代潮流，提倡科學的發展。

後來，講習會停辦以後，印順法師在新竹壹同寺旁邊建立了福嚴精舍，也開辦佛學院。這時，李恒鉞居士又再禮拜印順法師爲師，並且在那裏講授課程，護持佛教。

我和李恒鉞居士的認識是因爲臺灣佛教講習會的關係。每個星期天，我都會把學校的課程空下來，留給他們前來上課。我覺得那個時候的居士們，各個都非常虔誠，而且認真負責，把授課當作一回重大的事情。可惜，我都已記不清當初他們來教學的時候，交通問題是如何解決的了。不過，那時候我也真得沒有能力解決這個問題，也只好不追究了。

李恒鉞居士是個謙謙君子，文人雅士，身材高大的他，戴著一副眼鏡，頗有書生的氣概。他從教授一職退休後，移居到美國，後於一九九八年去世，享壽八十九歲。在臺灣，他也是初期傳播佛教的有功人士。

趙恒惕

黨政人物中，另一位具有影響力者，當屬趙恒惕居士了。

趙恒惕居士，字夷午，一八七九年生，湖南衡山人。他曾到日本留學，進入日本陸軍士官學校就學。民國成立後，曾擔任湖南督軍，在湖南湘軍中是有名的將領。後來參加國民黨二次革命，被袁世凱拘囚了一段時間。之後，擔任湖南省省長、湘軍總司令、議會議長等職數十年。

趙恒惕居士於省長任期將滿時，辭去職務，退居上海，其間虔誠學佛。一九四八年來到臺灣以後，他繼續大陸上的印經事業，和屈映光居士（一八八一年生，浙江臨海人，曾任山東都督、省長）等人合作，組織「修訂中華大藏經會」。但是修藏事業，礙於當時經濟條件不夠，人才不足，難以成就，所以他們只出版過《磧砂藏》。但趙夷午以居士的身份倡印修藏，則是一件盛事。

趙夷午居士在臺灣期間，對佛教熱心提倡、護持，尤其寫得一手好書法，隸書體剛勁有力。佛光山創建時，承蒙他爲我題寫「佛光山」三個字，直到今天，鑲嵌的字體依然還在山門口的紀念碑上。除此之外，他還爲我題寫「大悲殿」、「東方佛教學院」、「西方安養院」、「大智殿」等字，實在非常感謝。現在回想起來，當初我沒有回饋他一點潤筆之資，真是難爲他了。

甚至，爲了我的弟子張輝水居士（慈惠法師之父）請購了一部「中華佛教文化館」所出版的大藏經，捐贈給宜蘭念佛會，我特地製作了經櫃典藏，也邀請趙夷午居士題寫詩詞偈語，嵌刻在櫥子上，上面刻著：「大千經卷一微塵，字字通成法王身；義天星象燦然分，教海鎖研在博聞。」「明羣慎思勤踐履，滿天華雨散清芳；止作堅持經性相，苦輪長揖渡迷津。」「藏海澄識浪，經論究心源。」他也都照我的指示去做。可以説，我對趙夷午居士所有的央請，他都是照辦的，但是我沒有能爲他服務過一件事情，則是覺得十分遺憾。

現今一些黨政軍人，多少也與佛教有因緣，但多只是「信佛」而已，不同於過去清末民初的一些長者都是「學佛」，如戴季陶、張繼、于右任、居正、梁啓超、章太炎、康有爲等，他們當中或念佛、或參禪、或做佛教的護法，不只是對佛教有好感，還真正地在實踐自己的信仰。像趙夷午居士，在一九三四年，和段祺瑞、屈映光、王一廷、陳元白、史亮才等成立「菩提學會」，就是想要實踐信仰，落實「知行合一」。所以，這也就是

一九一二年以來，前五十年和後五十年的不同所在了。

一九五二年，趙夷午與章嘉大師、李子寬、李添春等人，出席在日本召開的「世界佛教友誼會」會議，並向日本政府索還在中日戰爭時期，從臺灣取走的玄奘大師頂骨舍利。一九五五年，玄奘大師頂骨舍利終於如願從日本迎請回臺灣。此時，他又和蔣中正先生共同發起啓建玄奘寺。在臺灣的寺院當中，唯一不是以民間的財力完成，全由政府提供經費完成的，也就是位於日月潭的玄奘寺了。

南懷瑾

一九六七年，開創佛光山以後，和我來往的各界人士，不計其數，潛心禪學的南懷瑾居士便是其一。

南懷瑾先生，一九一八年生於浙江樂清縣。依袁焕仙先生學習儒、釋、道，遊走三教之間。可以說，他是一位雜家學人，三教九流都能通達。

一九四九年春，南懷瑾先生來到臺灣，相繼受聘於「中國文化大學」、臺灣「輔仁大學」和臺灣政治大學講學。曾因生活艱困，得到楊管北先生的資助。之後，又在一個因緣際會之下，獲得香港洗塵法師的支持，於臺北信義路成立「老古文化事業公司」，曾出版《觀音菩薩與觀音法門》、《楞伽大義今釋》、《圓覺經略說》、《静坐修道與長生不老》、《易經雜説》、《老子他説》、《論語别裁》等書。聽説他的老古出版社出版的很多書籍，早期就能進入大陸銷售，這對弘法也有很大的貢獻。

一九七四年，他向我商借位在臺北松江路上的臺北别院舉行禪七。那時候，臺灣很少有人打禪七，對於他的這股熱心，我當然是歡喜給予支持了。只是没想到，當他還在禪七期間，就有人向我表示，借道場給南老打禪七，不是很妥當。爲什麼？因爲他在禪七的開示中，講了一句：「未曾落髮是真僧。」但我一向對這種想法不太計較，也就没有把它放在心上。

後來，他又跟我說，要借用佛光山大悲殿打禪七，我一樣答應他。只是這時候又有人來檢舉了，說他在禪位上抽煙。但我覺得在家人抽煙並非戒律所不許，也就没有介意。甚至禪七圓滿，他人要走了，還把佛光山上的三個學生帶到臺北去，儘管有人說這三個人給他洗腦了，我也覺得不能怪他，總覺得人各有因緣。不過，後來佛光山的弟子逐漸增多，意見也變得複雜，我和南老也就漸漸地疏遠了。

南懷瑾居士是一個很懂得世事、交友廣闊的人，如「總統府秘書長」馬紀壯、「陸軍司令」彭孟緝、「上將」劉安祺，「中將」蕭政之、「中央大學」校長余傳韜、「華視」總經理鄭淑敏等黨、政、軍界，乃至財經、傳播、教育各方面的高層人士都與他有交往。可以說，佛教裏能有達官貴人來學佛，南懷瑾居士是很有貢獻的。

後來，他聽說浙江半壁江山貧困落後，唯有興建鐵路，纔能改善當地的發展時，還在一九九二年，偕同尹衍樑等人出資捐建金温鐵路。近年來，聽聞南老在無錫太湖邊，閉門修身養性，我走筆至此，也深深地爲這一位老人祝福。

然生命無常，二〇一二年，南老以九五高齡往生，令人唏嘘！

徐槐生

另外，佛光山在開創初期時，除了興辦養老院以外，同時也籌設育幼院。那時候的臺灣，社會非常窮困，養女充斥各地，她們的境遇真可以説就像是一本血淚史，加上當年孤兒的安頓問題，也是嚴重的社會問題，所以我就興起了設立育幼院的想法。

當初，「交通銀行」業務部經理徐槐生居士（一九一六年生，浙江餘姚人），知道我有這個想法時，表示想

和我合作，後來在謝義雄先生捐出二甲土地（大慈育幼院現址）的響應之下，由慈容法師擔任院長，也就促成了此事。

然而，就在我和徐槐生居士合辦育幼院的時候，臺灣國際兒童村負責人陳德曾先生，前來邀約大慈育幼院加入國際兒童村組織。我們想，這也很好，時代走到今天，不要再稱「孤兒院」、「育幼院」，改叫「國際兒童村」，也是很有成長的光景，於是就答應了。後來定名爲「佛光山國際兒童村」，成爲臺灣第二所國際兒童村。

但是不久後，得知陳德曾先生只是想用大慈育幼院之名，擴大他們的組織，實際上，對我們並沒有太多發展的助緣。所以，最後還是由徐槐生居士和我共同維持大慈育幼院的運作了。

當年，我邀請徐槐生居士擔任大慈育幼院董事長，他擔任了兩任之後，因「交通銀行」業務部經理的事業非常忙碌，加上從事銀行業，行事都要非常謹慎，也就不敢再勝任。所以在他任期滿後，我就邀請謝義雄先生擔任董事長。謝義雄先生是捐贈土地的功德主，那時候他年輕有爲，正在發展事業，在距離佛光山不遠處的嶺口，建立了一座「天壇」，也希望和佛光山的建設齊鼓相當，共同來發展宗教事業。

話說回來，幾年後，徐槐生退職，謝義雄也辭職，那麼大慈育幼院就由佛光山獨立承辦了。

說起大慈育幼院創辦至今，已經有五十多年的歷史，最早期的院童現在也有五十多歲了。目前從大慈育幼院出去的兒童有七百多人，已成立了幾百個家庭。過去他們所受的教育大都在大學、專科以上，所以現在他們在社會上，有的做醫師，有的做律師，也有的做演藝人員、老師、員警等，可以說在各行各業都有發展。這許多兒童從小在佛光山長大，儘管現在事業有成，也都有知恩報德的心，幾十年來，佛光山不斷地在發展，只要常住一有需要，他們都會如同義工一般，主動地回來幫忙佛光山的寺務，甚至協助教導育幼院裏小弟弟、小妹妹們的功課。

再說徐槐生居士非常熱心於慈善事業，除了辦理大慈育幼院外，也歡喜放生，他組織了許多放生會，但由於平時沒有助手幫忙，所以大部份都是由佛光山的人衆給予協助。後來，徐槐生居士的菩提佛堂放生會、性梵法師的無量壽放生會等，還與佛光山的觀音放生會合併，組成了「聯合放生會」。

除了放生，徐槐生居士也歡喜印經。每次他上山來，都會興致勃勃地說要印這本經、要印那本經。可以說，平時佛光山的事業，仰賴這許多居士幫忙推動的地方很多。當然，我們本著從善如流、與人爲善的性格，也很樂於從事這項文化事業了。

像徐槐生居士這樣全心奉獻佛教慈善事業的人不是很多。現今出錢的佛教居士很多，但是出力承擔這許多佛教事業，甚至自己負責主導的人，也就不多見了。畢竟，一所育幼院、一所放生會、一所印經會，都是需要不少人力來支援，纔能成就的。

陳履安

在許多信仰佛教的達官貴人、居士長者中，陳履安先生在佛教界有一定的影響力。最初，我聽說他在臺北的靈泉寺參禪修行時，對於這種出身顯貴的人物學佛，也覺得難能可貴。

陳履安先生，一九三七年生，浙江青田人。在他擔任「經濟部長」，還是蔣經國先生的「內閣」時，就曾邀約我在臺北普門寺談論佛法。我記得那一天，我們一談就是幾個小時，談論到未來臺灣的前途、佛教的發展，以及佛教徒和社會如何建立關係等問題。

談過以後，我以爲這樣就圓滿了，哪裏知道他又邀約了我第二次、第三次談話，甚至跟我說，他想要到佛光山來參觀。佛光山一向是開放的，沒有黨派、宗派之分，來者不拒，我們當然表示歡迎了。

他到佛光山參觀之後，對我說：「這裏這麼好，我可以邀約一些朋友來打禪七嗎？」過去佛光山曾經禮請戒德法師在這裏主持禪七，南懷瑾居士也在本山舉辦過禪七，當然是沒有問題。所以，我就很高興地對他說：「歡迎大家來這裏打禪七。」

陳履安居士是一位很熱心幫助佛光山度眾的護法居士。記得有一次，他在電話中催促著遠東集團董事長徐旭東先生到佛光山皈依三寶，但是我一向認爲信仰佛教、皈依三寶，都是隨緣的，也就沒有特別在這件事情上著意。

甚至後來他還推薦中臺山的惟覺和尚到佛光山參觀，或許在他認爲，惟覺和尚在臺灣出家，沒有在大陸叢林參學過，也就希望他能到佛光山見習一些叢林規矩。雖然我覺得沒有這個必要，不過由於陳履安居士講話、工作都很積極，因此，惟覺和尚在他的推介下還是上了佛光山，可惜那一天我人不在本山，等到第二天，我纔趕回來和他見面。匆匆地見過面之後，他也就回去了。

二〇〇二年，我和惟覺和尚同到西安迎請佛指舍利，在回程的飛機上，我們談到了一些合作的事情，只是我知道他個性比較强硬，談合作是不容易的，所以也覺得隨緣就好。不過，惟覺和尚雖沒有住過叢林，但是他在臺灣弘揚佛法的勇氣，發心度眾的宏願，還是令人欽佩的。

話再說回來，一九九五年，陳履安先生辭去「監察院長」之職，到大陸發展慈善事業。我倒覺得，那個時候，假如大陸能夠請陳履安先生擔任全國政協的副主席，對於兩岸的和平，必然是會加快速度的。

除了陳履安先生本人，他的家人和我也都有來往。如太太陳曹倩女士，一九九四年於臺灣歷史博物館舉辦「中華花藝展——佛教插花展」，我也曾以佛光山文教基金會的名義協助辦理。

陳履慶先生，爲辭修高中董事長，曾邀請慈惠法師擔任該校董事。慈惠法師也因此擔任了好幾屆董事，以表示擁護。尤其辭修高中位於佛光山金光明寺對面，長期以來，彼此相互來往合作，至今都保持很好的友誼。

陳履碚先生，英文造詣很好，在佛光山一住數年，曾協助編輯佛光電子大藏經。陳履潔先生，曾擔任國際佛光會檀講師，在各地弘法佈教。

另外，二公子陳宇銘爲哈佛大學法學博士，在佛光山住過好多年；四公子陳宇全高中畢業就來佛光山男眾學部就讀。二人皆曾表示要跟隨我出家，但我一再拖延，爲什麼呢？佛光山的出家眾都是平民子弟，兩位官宦子弟若在這裏出家，成爲我的徒弟，我該怎麼對待他們呢？若有特權，那我對男眾的管理也就有困難了，所以只好拖延。

一九九三年，陳履安等六兄弟姊妹，爲圓滿父親陳誠先生的遺願：「死後火葬，以不占地爲原則」，而進行還葬，連同他們的母親譚祥女士遺體一起火化後，將墓園歸還政府，骨灰奉安佛光山，成爲首位安厝於佛寺內的首長。

陳履安先生打從學佛至今，護持佛教不遺餘力，現在的他，則更是全心投師學道去了。

上述這許多居士，都是佛教的長者，對佛教都有很大的貢獻。從李炳南居士主持蓮社，周宣德居士廣度青年，朱鏡宙居士印行佛經，蔡念生居士以藏經爲命，周邦道居士淡泊名利，張劍芬居士聯楹高手，趙茂林居士爲法傳教，他們爲佛教的功績，處處都躍現在我們眼前。假如說，佛教有健全的教會，這許多大德們都應該給他們金牌獎章。

長者居士們的貢獻

佛教有四衆弟子，所謂比丘、比丘尼、優婆塞（男居士）、優婆夷（女居士），這四衆弟子在佛教裏，尤其是對今日臺灣的佛教，可以說都有莫大的貢獻，這也足以證明：四衆同心協力，佛教纔能普徧十方。

早在民國初年，大陸的一些佛教居士，如楊仁山、歐陽竟無、唐大圓、韓清淨、黄智海、章太炎等，有不少都是一代大儒；由於年代關係，我和他們沒有來往過。但是在臺灣，倒有一些有佛緣的在家居士，我和他們也曾結過一些法緣，今僅憑回憶，略述如下。

李炳南

首先要介紹的是李炳南居士。李炳南（下稱炳老）名豔，字炳南，號雪廬，山東濟南人，一八九〇年出生。一九三七年起，即一直擔任「大成至聖先師奉祀官府」的主任秘書之職，也就是孔子奉祀官孔德成先生的秘書長。

過去孔子奉祀官是政府一個特任官的職位，炳老擔任孔德成先生的秘書多年，直到九十歲纔請辭退休，所以他曾自嘲爲「政府最老的公務員」。事實上，早在一九二〇年他就當過大陸莒縣的典獄長；一九四九年來臺以後，先後擔任中興大學、東海大學、「中國醫藥學院」教授，在臺灣數十年都居住在臺中，直到一九八六年去世，世壽九十七歲。

由於炳老早年皈依印光大師，一生致力於弘揚淨土，他在臺中創建佛教蓮社，領導念佛；光復後的臺灣，最初念佛風氣之盛，絕大部分與炳老提倡淨土有關。

炳老在一九五〇年，與董正之、徐灶生、朱炎煌、張松柏等人籌組、成立臺中佛教蓮社，每個星期定期念佛，每次集會都有數百人，一直維持至今不輟。

說到當年的臺中佛教蓮社，真是猶如古代慧遠大師的東林寺，他們念佛共修，成就道業者衆，在《念佛感應往生記》中，記載了不少念佛感應的事跡，如李清源、林清江等居士往生淨土，都有明證。甚至該書作者林看治居士，本身也如願往生西方，火化後得數百顆舍利子（見《念佛感應見聞記》）。他們都是佛教蓮社的居士，能夠修行有成，真可謂「古有慧遠，今有雪廬」。

一九五五年「中華佛教文化館」發起影印大藏經活動，我與南亭老法師組織「影印大藏經環島宣傳團」，當我們巡迴到臺中時，也承佛教蓮社大力支持。炳老不但對國學、淨土的義理多有發揮，據說他對佛學的表解就有數千則，雅俗皆懂。尤其《十四講表》，在大專學生裏流傳甚廣。

因爲炳老對儒學、佛學都有精湛的研究，常以學人自居，與他來往的居士，如周邦道、蔡念生、周宣德、董正之等，都成爲他的崇拜者。後來炳老也收皈依弟子，他們都自稱是李老師的學生，不稱師父。

他的學生很多，在當時的臺中佛教，炳老堪稱爲王；其時能在臺中與之分庭抗禮的，就屬聖印法師了，所以我也曾讚嘆聖印法師了不起，他在臺中建設慈明寺與萬佛山，與炳老一僧一俗，都爲臺中佛教寫下一時之盛。

一九七〇年，炳老創辦《明倫》月刊，炳老尤其重視佛教弘法檀講師（居士）的培訓，他於一九七四年在美國船王沈家楨居士資助下，創辦「內典班」（內典研究班），目的就是爲了培育弘法人才。其門下弟子如朱斐、鄧慧心、許炎墩等，都是佛教蓮社的重要幹部，在他們協助帶動下，一時念佛蔚爲臺灣的風氣。當時鄧慧心居士因聽從炳老的意思，與朱斐居士結婚，其對炳老的崇拜，可見一斑。

炳老精通世學、佛學，基本上是儒佛兼弘，但實際上是儒爲體，佛爲用。他也曾專習醫學，人又慈悲、熱忱，所以在度衆上真是得心應手。在初期臺灣的經濟不怎麼發達時，他就如慈濟一樣，到處救濟，曾經獲得海

新女性中的優婆夷

自古以來，佛教的事業，可以説無一不是由女衆發心成就，許多婦女全心全意護持佛教。但一般説來，女衆在佛教裏並沒有地位，尤其是在家的女信徒，也就是四衆弟子中的「優婆夷」，她們固然出錢出力，可是一説到要排班，就輪不到她們的位子了。

我一生宣揚「人間佛教」，遵照佛陀「四姓平等」的主張，也認爲四衆弟子都應該平等。所以，除了比丘、比丘尼、優婆塞之外，對於百年以來，優婆夷寫下的許多偉大事跡，我也可以毫不思索地就舉出千百個人物。例如，早期周遊歐美講演佛學的吕碧城、於奉化主辦法昌學院的張聖慧、上海的羅迦陵、香港的林楞真等等。以下我就舉幾位熟悉的女居士，略爲一説。

胡秀卿

首先要介紹的是胡秀卿女士，她是臺東人，一九四七年生。我認識她的時候，是在一九五三年，他們全家在臺東皈依三寶，禮煮雲法師爲師，當時她還只是一個六歲的小妹妹。

長大之後，她在廣播電臺擔任播音員，後來嫁給名中醫師黄民德先生。兩人可謂夫唱婦隨，婚後，胡秀卿認真學習，也考取中醫師資格，並且還做了「臺灣女中醫師協會」理事長。甚至兩人還曾經在臺北爲蔣中正先生和蔣宋美齡夫人治病。

胡秀卿是一位率直又天真的優婆夷，六歲就禮煮雲法師爲師，到了二十六歲，有心走「人間佛教」路綫的她，坦誠地對煮雲法師説：「我不跟您學習净土法門了，我現在要去拜星雲大師作師父，跟隨他弘揚『人間佛教』。」性格灑脱自在的煮雲法師，當然也是樂於成全她的心願。

我從一九七〇年代後，就經常應邀在臺北藝術館、中山堂、社教館等公衆場所講説佛法。後來，聽講的人數愈來愈多，租用的場地不敷使用，許多人因此勸我改到臺北「中山紀念館」講演，以便容納更多的信徒參加。

當時「中山紀念館」只是表演場所，加上一般人講演，沒有那麼多觀衆，也就很少有人租用它作爲講演場地。不過，它的空間很大，擁有三千個左右的席位，大家也就紛紛要我到那裏做講演。因此，從一九七七年開始，我便移師到「中山紀念館」，展開了在臺北「中山紀念館」弘講三十年的紀録。

由於在臺北「中山紀念館」舉辦佛學講座，對佛法的弘傳與大衆的接引有非常重大的影響力。那時，爲了讓講座進行得更莊嚴如儀，除了有閩南語翻譯的專家慈惠法師爲我翻譯，以及慈容法師擔任舞臺表演的指導人以外，我還急於尋找一位熟於佛教儀禮的主持人，最後大家都一致推薦由胡秀卿女士擔任。

當時胡秀卿年方三十歲，風姿綽約，美麗大方，出身廣播員的她，聲音甜美，相當受大衆的肯定。爲了做好這個職務，她每年都戰戰兢兢地面對。像講座開始的時候，大磬聲一響，必須念的「星雲大師佛學講座」八個字，據她告訴我，她在家裏光是練習念這八個字，就花了好幾天，如同念佛一樣，不只有上千次的重複練習，真不曉得念了幾萬徧。甚至，我還看到她在我講座開始之前，面對著牆壁，一徧又一徧用心念著「星雲大師佛學講座」，聲音之好聽，的確動人。

我在臺北「中山紀念館」舉行佛學講座的三十年中，她從未間斷擔任講座主持人。其實，在這三十年裏，競争這一個職務的人也很多，但是在她的主持之下，始終沒有人敢提出異議。只有一次，因爲有人一再説：「换一次男聲吧！」加上勾峰本人也有意願，纔由他擔綱一次主持人。

由於每一年主持講座的任務，胡秀卿也就有多次和我共同參與弘法的因緣。例如，一九七七年，佛光山組

織「泰北弘法義診團」，上百名團員跟隨我到金三角、熱水塘、美斯樂等地弘法，她就是團員之一。

說到泰北這個地方，除了過去鴉片煙的交易競爭之外，還有早年國民黨第三軍、第五軍等許多軍人及眷屬遺留在當地。我們到泰北弘法的過程，可謂驚險萬分，有時候乘坐直升機，有時候騎馬，有時候還需要遊擊隊持槍保護。當時，我隨緣隨處講經說法，而周志敏小姐領導的慶生醫院醫師們和胡秀卿女士，則到處施診醫療。

我記得，那時候許多當地民衆跪到我的面前說：「大師，我們不掛念沒有飯吃，但是沒有佛法聽聞，叫人很痛苦啊！」所謂佛法難聞、中土難生、人身難得，在這個地方真是有特別深刻的感受。後來，我不忍心這許多苦難的同胞一再受苦，回到臺灣以後，就特地成立了「泰北難民建設功德會」，認養孤兒及貧童等，希望爲他們的教育盡一點心力。

話說回來，因爲胡秀卿具有中醫背景，對於佛學研究也有一定的深度，所以經常都能在各個報刊上見到她發表的佛學與醫學理論。除此，她還在住家裏成立佛教講堂，每週講經弘法，由此可見她對於佛法弘揚的熱忱了。

後來，「中華佛光協會」於一九九一年成立，她不但積極參與會務，並且還當選理事。有一回，在選舉會長的時候，九個常務理事一致都要推選我擔任會長，我就想：那我這一票要投給誰呢？後來我就投給了胡秀卿。從此她就一再認爲能得到我這一票，是她一生的光榮。

有一段時間，她幾乎每週從臺北上佛光山，爲全山大衆針灸義診，且從未收過車馬費。甚至有一次，不知道什麼原因，我的左手忽然動彈不得，近半年不能舉高，胡秀卿知道了以後，就說要爲我針灸一下，結果一針病除。

由於她的醫療工作，加上高明的醫療能力，在弘法利生方面，也就更加地事半功倍了。過去，她曾到我們的叢林學院授課，也在佛光會擔任檀講師，經常到世界各地弘講，可以說是一位人間菩薩行者。可惜，她以六十多歲之齡就溘然長逝。不過，在佛教淨土宗來說，她安然而去，也算是預知時至了。

楊秀鶴

除了胡秀卿居士，楊秀鶴女士和我也結緣得很早。

楊秀鶴，馬來西亞人，生於一九一一年，臺灣光復後擔任空軍子弟學校的校長，曾任文化大學輔導中心主任，晚年長住在美國中部。

早期，她以一個在家優婆夷的身份，除了爲公家機關服務以外，還在佛門裏佈施結緣、協助翻譯。她曾擔任煮雲、南亭、道安等法師的翻譯，難得的是，當時擔任翻譯，既沒有人供養，乘車往來也要自掏腰包，完全是義工性質，一般信衆都鮮少參與，但我看她總是樂在其中，神情愉悅、精神奕奕地爲佛教服務。

除此以外，她對於佛教的文化工作，也非常熱心。早年她曾經編輯《佛教聖經》（後更名《三藏精要》）等佛典。我記得，她編印的《佛教聖經》出版時，雖然內容摘錄自佛教經文，但是取名叫做「聖經」，也就掀起了佛教界保守人士一陣批評的風浪，在他們認爲，佛教大可不必學習基督教搞聖經運動。

其實，這許多佛教徒批評的時候，也要憑心想想，基督教的聖經每一年都印行幾千萬本，尤其在全世界每一家旅館、飯店的每一個房間裏，都擺放有一本聖經，每一年還會有善心人士不斷地去補充聖經數量；但是佛教卻從沒有人這麼做，現在終於有人發心印行《佛教聖經》，難道還要排斥，還不去支持嗎？

再說，基督教有基督教的聖經，佛教也可以有佛教的聖經啊！或許你說「聖經」這個名詞不好，改取其他名字，比方「佛教精要」或「佛教聖典」，也不是不可以。好比日本有個「佛教傳道協會」，是企業家沼田惠範於一九六九年創辦的，他們就專門印製《佛教聖典》。不過，雖然他們也將《佛教聖典》擺放在飯店的房間

裏，提供旅客閱讀，但也只限於日本地區，並沒有人把它推廣到國際社會去。

現在，楊秀鶴女士有這樣的理念，想要結集佛經的精要，讓它能在世界上普偏流傳，成爲國際性的佛教聖經，這應該是值得鼓勵與推動的。遺憾的是，許多佛教徒的性格，就好像公鷄，只要看到其他鷄子擡頭啼叫「咕、咕、咕」，就要圍過去啄它一下，不讓別人出頭。但是，真要叫他來爲佛教發心，他又不肯。像這種「同歸於盡」，不能隨喜、樂觀其成的心態，可以説是佛教界裏一個很大的缺點，我實在很爲楊女士感到不平。

佛教所謂「不捨一法」，大家應當共存共榮，不要因爲一點見解上的不同，就要彼此排斥、壓制。早期佛教在印度的時候，之所以分成很多部派，就是因爲意見不同，以至於各自發展；佛教傳到中國後，也有所謂的「禪淨之爭」、「大小乘之爭」、「僧信之爭」，甚至爲了戒律上的一點問題，引發爭論。其實，無論沙彌戒、比丘戒或是菩薩戒，只要不違反佛教的根本大戒，又有什麼好爭辯的呢？

楊秀鶴女士是臺灣佛教界第一位傑出的優婆夷，既能寫，也能講，尤其經常在電臺弘法，縱橫南北傳教，在佛教裏，可以説是非常難得的人物。後來因爲我忙於宜蘭弘法，加上宜蘭地處偏遠的臺灣東北部一隅，漸漸地，我也就很少參與楊秀鶴和南亭、道安法師那個弘法圈子，而疏於來往了。

不過，也承蒙她對我的關心，曾經帶人到宜蘭來探望過我；偶爾在其他佛教的活動場合，也見過面，她總是一本熱情，歡喜踴躍地與我們談笑風生。

後來，據聞楊秀鶴女士在六十二歲時隨女兒移居美國，長住美國四十年間，努力推動針灸合法化，現在已經是一百零一歲高齡的人瑞了。説到這裏，我也不禁要遙祝她身心健康。

葉曼

接下來要講述的優婆夷是葉曼女士。筆名「葉曼」的田劉世綸女士，是臺灣駐菲律賓負責人田寶岱的夫人。在那個時代，身爲一位駐外官員夫人，經常要和一些貴夫人往來，但她卻只熱心於弘法，和一般的知識分子談佛論道，實在是一位奇特的女强人。

田劉世綸，湖南人，一九一六年生，北京大學經濟系高材生，她不喜經營賺錢事務，而歡喜到處講學。她用「葉曼」的筆名爲各個報刊撰文，也用「葉曼」的名稱在海內外弘揚佛法、講經説道，有非常廣大的羣衆擁護。在大陸，弘法的居士中，南懷瑾可以説是一位通達儒釋道的優婆塞，而在女性方面，通達儒釋道者，應該就屬田夫人葉曼女士了。所以，用「男有南懷瑾，女有田劉世綸」來讚譽她，也是不爲過的。

一九八四年，第十四屆世界佛教徒友誼會（簡稱「世佛會」）在斯里蘭卡舉行，代表臺灣出席的田劉世綸被推選爲副總會長。在擔任要職期間，她代表世佛會和我聯繫，表達想在美國西來寺召開一次大會的想法。因爲世界佛教徒友誼會成立四十年來，都是在亞洲地區開會，由當地的政府支援，到了一九八八年，她希望能有所突破，到西方的美國召開大會，讓佛光能普照到五大洲。

我當然很樂意幫忙，不過，那時候正在建築中的西來寺，工程纔即將完成，還没取得使用執照，爲了世佛會的會議要舉行，我勢必要加緊趕工，並且不斷和政府聯繫，以便如期拿到使用執照，纔能讓這一次世界佛教徒友誼會的會議順利開幕。因此，整個過程，佛光山僧信二衆可以説是傾盡了全力。

話再説來，葉曼女士風度翩翩，待人誠懇，能言善道，真不愧是一位「外交家」的夫人。這一次大會的舉行，由她爲我運籌帷幄，從中我也看出了她的才華和做事的幹練。

其實，世界佛教徒友誼會多次在世界各地召開時，原本我都有機會可以參加的，但是「中國佛教會」卻總

是把我排除在名單外，因而讓我没有一次能夠成功參與。甚至於第十二屆大會要在東京舉行時，臺灣被主辦國日本除名在外，好不容易纔讓我爭取到恢復會籍，有了參加資格，「中國佛教會」卻在我爭取成功的回程中，已派遣了五位代表準備出席，表明的就是不讓我與會。

雖然我懷著佛教國際化的願心，也對會務行政相當重視，但還是無奈於因緣不具。原以爲我就此與世界佛教徒友誼會没有緣分了，没想到這一次大會，竟由佛光山美國西來寺承辦，還促成了世界佛教徒友誼會走向西方。那時我想，這一次縱然有人想要再排除我，也是不可能了。而這一切，都應該感謝葉曼女士的熱心安排。

自從一九八八年，第十六屆世界佛教徒友誼會在美國西來寺召開之後，第十八屆大會是在臺灣佛光山舉行。幾年後，一九九八年，第二十屆會議又到澳洲的南天寺舉辦，這回，真是讓世佛會普照五大洲了。

在美國，葉曼女士多次應當地要求，在各處大轉法輪，西來寺也都曾給予協助。尤其，在她擔任世佛會副會長時，和中國佛教協會會長趙樸初居士建立了友好關係，彼此常相來往，在聽聞趙樸老述及北京雲居寺遭受毁壞後，便一心一意要恢復它昔日的風采。多年後，雲居寺重建完工，終於了卻她一樁心事。

由於她對佛教的諸多貢獻，以及在佛學上的深入研究。因此，在論起百年來爲數衆多的佛學人才時，田劉世綸（葉曼）也是榜上有名的人物了。

孫穗芳

另外，在佛教的優婆夷中，孫穗芳女士是孫中山先生的孫女，也是佛光山的信徒。她於一九三六年在上海出生，之後長居夏威夷。不過，她也經常走訪大陸、臺灣，乃至於遊走世界，是孫中山先生一個非常活躍的後裔。

孫穗芳居士虔誠信佛，護持三寶，每年我幾乎都會收到她飄洋過海寄來的紅包，每次到夏威夷弘法，也都承蒙她熱心接待。

旅居夏威夷的孫穗芳女士和她的祖父一樣，對政治相當關注，尤其對「三民主義」的推動不遺餘力。她還一度前往洛杉磯，參加由加州中華文化復興協會與西來寺合辦的「孫中山先生逝世紀念暨植樹節大會」。

雖然她對佛理的研修還不很深入，但是對於佛法的護持卻很熱心，能有這樣的信仰層次，也屬不易了。

王鄭法蓮

在臺灣弘法度衆的生涯中，早期對我幫助最大、關係最重要的一些男、女居士，所謂優婆塞、優婆夷，更是應該一提。

有一位虔誠樸素的佛門弟子王鄭法蓮女士，算是最欣賞我的人，也是我最應該感激的恩人了。

王鄭法蓮女士，蘇州人，她是前「内政部次長」、「中國佛教會」秘書長王平先生的夫人。我纔初到臺灣，可以算是還在落難期中，她就對我相當護持。

記得最初我和心悟、心然兩位福州的法師，跼促在圓山臨濟寺的時候，她前來探望，看到我們居住處的簡陋，就花了六百元爲我們裝修房間，讓原本從外面就能一覽無遺屋内情況，幾乎是破瓦頽垣的房子，煥然一新。

其時，我非常感念王鄭法蓮居士，因爲那房間並不是我所有，我只是客居在那裏而已，她卻如此寬待我。不過，好在心悟、心然法師對我也不嫌惡，後來，我經常在臺北弘法，就是藉助兩位法師的光采，纔終於有了一榻之地。

說起王鄭法蓮女士對佛教的護持，當我的著作《無聲息的歌唱》、《玉琳國師》、《觀世音菩薩普門品講話》出版時，她總是挨家挨户地到各「國大代表」家中拜訪、推廣；每一次出版，都能推銷一千餘本以上。由於她

是「國大代表」夫人的身份，大家都很熱烈捧場，不過，每本五塊錢、八塊錢的書，金額不是很大，能賣到一千本也是很不容易。因此，我很感念她在我苦難的歲月中，能這樣大力地幫助我，可以說，她是有恩於我的優婆夷了。

除了推銷我的著作，猶記得我在臺灣佛教講習會擔任教務主任時，主張學生應該要有體育活動，儘管我没有對她提起這件事，但是當她輾轉得知我有這樣的想法時，立刻就買了乒乓球桌等相關運動器具，要給我們的學生練習；甚至於她還買了很多排球要送給我們的學生。我雖不懂得打排球的規矩，不過我想只要有球，總應該有學生會打。

没想到，事實並非想像的那樣，多數的學生都不敢碰這些球類，看到球就很害怕。這讓我非常感慨，過去在大陸，我爭取打球，老師不肯，現在到了臺灣，我做了教師，倡導打球，學生卻不敢打球。只能說，時代在改變，學生學習的情況實在大有不同了。

不過，說到王鄭法蓮女士對佛教的護持，實在不遺餘力，我在宜蘭，她就趕到宜蘭念佛會去護持；我到高雄，她就南下高雄佛教堂護持。就這樣，她以五六十歲的高齡，經常從臺北來到高雄，然後又趕往宜蘭。

說起來，早期的信徒幾乎都和她一樣，如母親一般的慈愛。尤其她爲人很正派，一句閒話都没有，只是默默地關心我的日常生活所需，真是感謝她的用心。

晚年的時候，我把她接到佛光精舍奉養，她尊敬我是師父，我則把她當成母親一般敬重；在她百年後，後事也是由我替她處理。所謂「滴水之恩，湧泉以報」，奉養爲佛教發心、對佛教有貢獻的人，只不過是聊表自己一點微薄的心意而已，與她們對佛教的付出相比起來，這一點心意，實在微不足道。

其實，早期臺灣佛教界，像王鄭法蓮居士這樣的優婆夷爲數不少，可以說，她們是佛教的真正護法。許多佛教寺廟，因爲她們的發心，而能從破舊到重新裝修，最後變成莊嚴的道場；很多的空地，因爲她們的奉獻，而樹立起道場來；很多的法師，因爲她們的護持，而得到供養、資源，在弘法利生的工作裏活躍起來。

例如，臺北新店碧潭大佛寺的駱鵲小姐（出家後法名「能定」），幾乎所有外省籍的大德法師，没有人未接受過她的幫助；新竹的張四妹，對於桃竹苗地區一些初來臺灣的外省青年法師，也經常給予協助、照顧。

乃至於早年我在臺北弘法，後來一百多歲高齡往生的吳金枝、福記的王林月等女士們，也都幫助我推動佛教文化服務處的發展。這當中，有一位黃王圓通老菩薩，則是這一羣女士們的帶頭人，她們都像王鄭法蓮女士一樣，自願發心成爲我佛教文化服務處的推銷員。

甚至我在宜蘭的時候，有一位郭愛老太太，她是一位助產士，人面很廣，在她幾十年的助產士生涯中，當地女性生產，大部分都是由她接生的。我最感動的就是，她不但幫我籌措建寺經費，每餐還煮飯菜給我吃。我這一生雖不好吃，但是卻很有口福，遇到很多擅於烹調的菩薩，她們都鼓勵我要品嚐她們烹煮的飯菜，只是我對吃，實在没有什麼愛好，也就不那麼熱絡了。

總的說來，這些優婆夷，可以說都是早期佛教發展重要的大功德主。

陳慈如

另外要說的，就是早期幫助我在南部弘法的優婆夷。首先就說高雄的陳罔市，她的皈依法名叫做慈如，是我能居住在高雄，重要的關鍵人之一。我初到高雄時，在高雄佛教堂講經，假如說，當中有一千多個聽眾，那麼至少有三四百人是由陳慈如女士邀請而來的。那時候，她大概是五六十歲的中年婦女，全心全力護持我這麼一個年輕的法師，實在叫人感謝。

陳慈如女士，臺南人，高雄著名的「澳洲食品行」，就是她家中所開設的；高雄市長陳武璋、市「議員」洪地利、洪蕊、莊萬和等地方士紳，都是她臺南的鄉親，也都居住在高雄市最重要的七賢二路和五福四路一帶。

當年，我偶爾從其他地方來到高雄弘法，坐在車子上，經過這些路段時，總是鞭炮聲連天，空氣中到處彌漫著鞭炮的煙霧。尤其樂隊敲鑼打鼓迎送、車站裏幾百人大排長龍列隊接送，這都與陳慈如等許多居士的發動有關。

在一九五〇年的時候，假如我有意要興辦大學，以這一羣信徒的力量，是足以辦成一所大學的。只是那時候我太年輕，還不敢跨大步伐，積極地在社會上表現；另一方面，也因爲她們對佛教的付出太過熱切，反而讓我顧忌得不敢經常到高雄來弘法。

例如：那個時候，我要辦普門幼稚園，她們毫不考慮地就說要承擔，願意協助籌備；我要建壽山寺，她們也毫無忌憚地說要承擔建寺工作。在高雄，她們雖然不是什麼大官、富有的企業家，但是和她們一起從事弘法工作，真是需要錢，錢就來了；需要人，人就來了，尤其都是心甘情願地全家動員，甚至於親朋好友一起來參加。

陳慈如女士可說是一位女中丈夫，她和幾位同伴組織了一個佈施團隊，只要她一號召，你交一萬、她交兩萬、五萬……大家都會遵照指示去做。

在這個組織中，還有一位人稱「六姊」的蘇陳秀琴，一九二五年生，她在高雄地區，是一個活動力强、很有名氣的女士，與人互動大方，笑起來甜美，也是只要有空就往壽山寺跑，對佛教的護持不遺餘力。

再說後來我要建設佛光山，那時陳慈如女士是不贊成的。她說：「師父，你只要駐錫在高雄市就好，你想要在什麼地方建寺，我們都願意幫助你籌措經費，犯不著跑到大樹鄉麻竹園（二〇一〇年縣市合併，改爲大樹區）這麼偏遠的荒山嘛！」

甚至於當初一行人浩浩蕩蕩地來到麻竹園勘察土地，車子停在現今的山門口前時，她還不願意下車，口裏直說：「這個地方，連鬼都不會來啊！」雖然她話這麼說，但是當我真正要開山建寺的時候，她還是很熱心地幫助我，熱心到幾乎把寺院當作是她的家，如同這裏就是她的「澳洲行」，可以行使命令一般。

例如：有一次，她順手就把佛學院的含笑花採摘了一些帶回家去。只是事後據她說，那一天晚上睡夢中，韋馱菩薩拿著金剛降魔杵要來打她。從此，她也就知道常住的十方僧物不可以隨便動用。

另外，那個時候，高雄、臺南、嘉義一帶，經常都有神廟的神明托夢給信徒，要他們把神明帶來佛光山拜佛。所以佛光山開山初期，經常到了半夜，都會給那些迎神的鑼鼓聲吵醒。但是每凡有神明來山拜佛，陳慈如居士等人則都是不分日夜，非常熱心地給予服務。

猶記得當時我要籌辦壽山佛學院，她也是不贊成，可是卻不敢告訴我，還輾轉派了她的大兒子陳國義來勸說。身形高大、威猛的陳先生，一來就說：「我媽媽說她不贊成辦佛學院！」

見他氣勢奪人，我就回應說：「你媽媽可以不贊成，但不要反對就好了。」

接著他又說：「我媽媽說你如果辦佛學院的話，會没有飯吃。」

我只有說：「没關係，如果没有飯吃，我們弄一些雜糧來充飢就好了。」我絲毫不被他的威勢動搖，也一點都没有生氣。

不過，她雖然不贊成我辦佛學院，但是在佛學院開辦以後，還是一樣全力護持。我想，當初他們只是體諒我年輕，做不了那麼多的事情，纔這麼規勸我的。可是我一向認爲，人是一個、命是一條、心是一點，爲了佛教，没有什麼好猶豫的，也不覺得這是什麼志願，只是一點使命感而已。

總之，早期那一班高雄的信徒，真是熱情地要把人熔化了，也就讓我不敢常來。往往只要我早上走出寺門，就不要想能很快地回到寺裏，她們總是說：「哎呀！師父，某個人家要你去。」「師父，某個人家念你好久了，你就慈悲去一下吧！」她們就這樣帶著我一家又一家地去拜訪，從這一家帶到那一家。

洪呂淑貞

除了陳慈如，再說洪呂淑貞女士。她的丈夫是醫師，兩人育有兩個女兒，只是在風雨飄搖的年代，丈夫到大陸去之後，就再也回不來了。她是高雄最大製冰廠裕榮製冰廠的大媳婦，但是因爲身爲長子的丈夫身陷大陸，家裏也就由老二當家了。

失去了丈夫的婦人，獨自撫養兩個女兒，不過，家族還算明理，仍然給她很好的待遇。

就在兩個女兒逐漸長大，高中畢業，將要考大學之際，有一天，還只是一位三十多歲年輕母親的洪呂淑貞，帶著兩個十七八歲的女兒到高雄佛教堂來找我，要我替她們補習。現在高雄好多位初中、高中校長在普賢寺做義工，當年都曾讓我替他們補習。由於那時他們的表現傑出，所以，洪呂淑貞也就說我補習很有名氣，定能讓她的女兒考取大學。

其實，我只是累積多年的閱讀經驗罷了。我閱讀的時候，往往都能知道重點在哪裏，而當那許多重點真的考出來後，學生們也就會爲我到處宣傳：「這都是某某人教我們的！」名聲也就這樣不脛而走了。

與陳慈如一起爲寺廟奉獻的洪呂淑貞女士，她幾乎是捨家忘命地在爲佛教服務，無論什麼苦勞她都做，可謂文武雙全，真是現在許多義工所不能比的。尤其她做起事來認真負責，沒日沒夜，說明天要完成的事，就算是今天不睡覺也沒關係，明天早上一定如期完工。

後來，她在壽山寺裏負責財務。經常信徒來了，說要添油香，明明我是住持，人也在場，我說：「你錢就交給我吧！」對方卻不願意交，非要交給洪呂淑貞不可。爲什麼？因爲我這個閻王的關好過，她那個小鬼的關難過，洪呂淑貞會質問她：「錢到哪裏去了？怎麼不交給我？」

實在說，洪呂淑貞女士真是一位熱忱、活躍的女居士，天天騎個脚踏車南征北討，宣傳壽山寺。尤其在佛門裏任勞任怨，數十年如一日，從來没有說她星期六、日要放假回家一趟。晚年，爲了感念她爲教奉獻的發心，在我的安排之下，也住進了我們的佛光精舍養老。

說到優婆夷，可以說臺灣的女居士爲數最多，如果要我一一介紹，豈止數千人。由於大家都是佛光山的功德主，都是佛光山的義工菩薩，而我卻没有辦法一一地筆述，只有向她們表達我的歉意了。

林玉麗

除了臺灣的優婆夷，現在世界各地也都有很多護持佛教的女信徒，雖然我没有常和她們來往，但是對於她們熱心佛教事業的情形，則是時有所聞。

現在我就敘述一下與她們之間的因緣。首先要說的是馬來西亞的林玉麗，一九五四年生，她在當地是一位名律師。過去，她講說都是用英語，華語很不流利，說起話來總是結結巴巴，但是爲了參加佛光會的會議、活動，她很用心地學習華語，現在已經是華語、英語雙聲帶了。

她曾擔任過馬來西亞佛光協會的會長，並且在佛光會裏擔任多年法制長，對於佛光會一些章程上的問題，都能適時地給予幫助解決。尤其她熱心於社會事業，像印度等一些貧窮落後的地區需要救濟，她都是義不容辭地代表佛光會前去做這許多功德善事。

林玉麗律師的同修黎良華先生對於佛教事業也是非常熱忱，可以說，夫婦兩人爲了佛教，真是夫唱婦隨。特別是，她一心希望在故鄉東海岸關丹設立佛光山道場，終於在多年前如願。現在佛光山位於關丹的佛堂，就是因爲他們的發心而設立的，我們還特地派了依清法師坐鎮在那裏，爲大家服務。

陳瑞萊

在林玉麗女士之前，擔任馬來西亞佛光協會會長的，是拿督梁偉强的夫人拿汀陳瑞萊女士。

陳瑞萊，馬來西亞人，以她端莊的外表來說，應該是一位大美人。不過，因爲信仰佛教的關係，爲人很低調、謙虛，在道場裏，一般看來不起眼的瑣事，如倒茶、添飯等，她都願意爲人服務。但是辦起外交來，上至總理、部長、所有的官員，都受到她那種莊嚴的身相、美麗的音聲而起信，願意與佛光山接觸。

尤其，她不但熱心於推廣佛光山出版的書籍，更樂於製作佛教舞臺劇；曾領導佛光會演出《釋迦牟尼佛傳》音樂劇，也製作由大馬和大陸演員合作演出的《寶鏡》音樂劇，將觀世音菩薩的慈悲精神，呈現在大馬的觀衆面前。可以說，她是一位弘揚佛法的現代女健將。

在馬來西亞的社會裏，信衆對於佛教信仰，似乎都有捨我其誰的使命感，梁偉强和陳瑞萊夫婦不但長期地護持佛光會，也很護持佛光山。我不僅多次應邀前去參加由她籌辦的各種活動，她也多次邀約馬華公會林良實會長、交通部翁詩傑部長等人到佛光山訪問，尤其，兩次將雲頂集團領導人林國泰先生全家帶到佛光山參訪，主要的就是希望雲頂事業也能加强佛化。

佛光人就是這麼可愛，無論在哪一個地方，大家一心一意就是爲佛教打拚。

余劉素卿

在佛光會的優婆夷會長當中，被選爲國際佛光會曼谷協會會長的余劉素卿女士，既出錢又出力，從沒有一句怨言，堪爲信衆模範。她的先生余聲清是國際佛光會世界總會副總會長，曾擔任世界臺商會聯合總會總會長，在泰國，她是華人的領袖，有一言九鼎的地位。

余劉素卿女士雖然身處在南傳佛教的國家，但是積極串連南北傳佛教的交流，有一年，她還帶了泰國一品夫人，瑪希隆大學院長素茱莉女士來到佛光山參訪。尤其她有慈善的性格，不但在我到中南半島做慈善弘法之旅時，她歡喜隨團參與，今年（二〇一一年）泰國南部發生嚴重水患，她更發動佛光會各分會會長投入賑災。

可以說，林玉麗、陳瑞萊、余劉素卿、倪世健（見《佛光會的法水因緣》）等人，就像男衆四大金剛一樣，是佛光會女性會長當中的四位女金剛。

其他在世界各地的優婆夷，如香港慈善家嚴寬祜先生的夫人崔常敏，以及蔡蝴蝶、鄺美雲等，佛光山經常都受到她們的資助。又例如瑞典的海蒂、倫敦的陳慧珊、新加坡的洪孟珠、菲律賓的吕林珠珠，還有日本的西原千雅、邱美豔等等，也都是發心的大菩薩，在當地也都是知名人士。

黃志慈

其實，說到中國佛教在東南亞的發展，最初並不是經由高僧大德到那裏傳教而展開，而是一些齋姑、齋婆們，抱著觀音像、關公像和她們的祖先牌位，從福建、廣東一帶飄洋過海，到了現在的印尼、馬來西亞、菲律賓、泰國等地，佈置起佛堂，供人禮拜，纔維繫了當地華人的信仰。

至今，在東南亞國家，這一類的佛堂幾乎有成千上百個，那許多齋姑們沒有剃髮，也沒有結婚，平日以替

人解籤、安太歲，甚至於算命，來維繫佛堂的傳承。尤其，每位姑姑都收養了好多的女孩，少者也有三五個。當然，這許多的女孩，能繼承香火的，也要有相當的善根，否則紅塵萬丈，早就給社會風潮捲走了。

佛光山開山之後，菲律賓、印尼、馬來西亞、泰國這許多地方的姑姑，都紛紛將她們撫養長大的女孩送來叢林學院念書。這許多女孩，從小就在佛堂裏長大，很有善根，也都很聰明，有的也在臺灣各個地方就讀大學，例如現在佛光山的南華、佛光大學，都是她們選擇就讀的學校之一。

當然，這許多年輕人能否在臺灣讀書，也要看她們的姑姑是否同意，有的姑姑很開明，希望子弟增廣見聞；有的姑姑很保守，當然也没能想到子弟的未來了。

不過，縱然這許多佛堂的教育，多半只保有自己的文化，我還是非常感念這些姑姑們將佛教帶進東南亞地區，畢竟在過去的幾百年裏，佛教少有人説爲了傳教而到這許多地方，是近年來纔有一些僧侶跟進。由於有她們對信仰的維護，纔能讓佛教在當地生根。

中國四大名山中，普陀山的觀世音、峨嵋山的普賢王、五臺山的文殊菩薩，都是現在家女相，這些姑姑們又何嘗不是菩薩的化身呢？實是不容輕視的。

與佛光山有緣，互有來往的姑姑也不少，這當中，印尼的黄志慈姑姑，實在是一位了不起的偉大人物，我們也把她同列在傑出的優婆夷中。

黄志慈女士，廣東惠州人，一九五〇年生，三十年前，她送佛堂裏的幾位小姑娘到佛光山來念書，不但勉勵她們在臺灣多參學幾年，還鼓勵她們出家學道，並且希望她們都能發心學會講經説法。目前，在印尼蘇門答臘弘傳佛法的宗如法師，深具大將之風，就是黄志慈姑姑培養出來的人才。

黄志慈姑姑從小在佛堂長大，只受過初中教育，假如要形容佛門的觀音聖像有多莊嚴，她的身相大概就像一尊活觀音吧。慈悲温和的她，雖不是能言善道，個性也很保守，從未對外交友，只在佛堂裏爲信衆服務，但是卻胸懷佛教。她不僅把宗如送到臺灣學習幾乎十年，在宗如回到印尼後，還放手讓她承擔法務，創辦青年會、婦女會、兒童班，並且建設佛光山別分院，度化信徒萬千，一點都不戀棧佛堂主持人的名位。後來，她的佛堂還改名叫做「普門道場」。

除了宗如，她也把徒弟覺燈送到英國留學，碩士學位完成後，纔回到印尼幫助佛堂發展，助佛宣化。

關於黄志慈姑姑的事跡，以上都還只是小事。最重要的是她和宗如合力與印尼政府周旋，散播佛教的種子。幾十年來，印尼由於「排華運動」，不准漢文進入當地，不准佛教界請印尼之外的人士到當地講説佛法，也不准佛教徒在公衆場所露面，問題是，印尼三億多的人口中，就有一億以上是華人，受到這樣的待遇，華人又怎麼不痛苦呢？

我眼看著在黄志慈和宗如等人的努力之下，今日印尼宗教界終於有了改變，尤其近幾年來，她們光是找我到蘇門答臘做公開、對外的講演，就有好多次，還創下了國外出家人首次在印尼弘法的紀録。對於這樣的結果，我也很爲她們感到榮耀，她們爲教努力的辛苦，終於有成果了。

記得我第一次在印尼講演，是在棉蘭昂卡沙大飯店（Grand Angkasa Hotel）的大會堂裏。那時候，湧進了數千人聽講，連信仰伊斯蘭教的印尼宗教部長都蒞臨現場，與我見面談話。甚至蘇北省省長李查努丁先生，還邀約了六個宗教團體聯合宴請，宗教融和的景象，至今仍令我難忘。

近幾年，她們還舉辦了「菩提眷屬祝福禮」，有將近兩百對夫妻連袂參加；也舉辦「人間音緣歌唱比賽」，讓許許多多愛好唱歌的年輕人齊聚一堂，並且來到臺灣參加總決賽，每個青年聲音之清亮，似乎都是與生俱來的好歌喉。

她們為佛教所做出的成就，真足以作為各地佛堂師姑效法的典範了。甚至於住持各寺院的華人出家眾，也都應該更加發心，我們不是工商界民眾，飄揚過海到了異地，既不是為了討碗飯吃，也不是為了經營生意，我們要學習的是鑒真大師「為大法也，何惜生命」的淩雲壯志。

或許佛光山在各地弘揚佛法的徒眾，都有此等為教奉獻的熱忱，讓黃志慈姑姑深受感動，所以每次她上佛光山的時候，都會帶來一些東西和青年學子結緣，或者供養全山大眾。這也就讓我覺得，佛教要能時時給人感動，佛法纔容易傳播出去。

鄭佩佩

時空再從東南亞回到香港。當我要下筆寫鄭佩佩的時候，我把她歸類在《新女性中的優婆夷》這一篇章，可是身旁的徒眾都說：「鄭佩佩是演藝人員。」其實，在我眼中的鄭佩佩，她不只是一位演藝人員，也是護法甚力的虔誠信徒，所以還是請她做我們的優婆夷吧。

鄭佩佩從事演藝工作多年，三十年前，由她擔綱演出的武俠電影，轟動海內外，從此，她也就有了「女俠」的稱號，但那也只是鄭佩佩人生的一個起點，她真正的正道則是佛教的優婆夷。

鄭佩佩女士，上海人，一九四六年生。我和她結緣得很早，一九八八年，美國西來寺落成那一天，紅極一時的她，率領「美國亞洲電視公司」工作人員前來採訪。相隔不久，我又應她的要求，將當時在臺視播出的「星雲禪話」節目錄影帶，交由她在南加州十八頻道主持的節目播出。

猶記得她在為李安先生導演的電影《臥虎藏龍》演出時，於竹林中飛行的鏡頭，就是在佛光山祖庭大覺寺所在地的宜興竹海拍攝的。銀幕前的她，儘管深受觀眾喜愛，但實際上，她住在我們香港佛香講堂時，早晚都虔誠地在佛堂裏念佛、拜佛，絲毫不被名利動搖。

我偶爾到香港弘法，她也會向我報告修行心得。實在說，女俠鄭佩佩真是一個尊重生命、一心向道的女人，在萬丈紅塵裏，她跪於一隻蒲團上，在觀音大士座前虔誠禮拜；她穿著佛衣海青，將禮懺衣披搭在身上。見聞此情此景，我又怎能說她不是優婆夷呢？

話再說來，鄭佩佩是個很有才華的女性，在美國，我也曾經見她推辭所有演藝事業，在電視裏做素菜教學。不過，女人從事演藝工作，其辛酸苦楚也不是外人所能知道的了。

從鄭佩佩的身上，讓我看出許多傑出優婆夷的特點，即使她們行走在紅塵裏，為各種事業辛苦打拚，但是她們始終沒有忘記佛子的慈心悲願，一樣為了對世間做出貢獻而付出。例如，佛光會自從一九九一年成立以後，二十年來，鄭佩佩除了熱心參與佛光會舉辦的活動，擔任檀講師的她，也在世界各地弘揚佛法。她憑著過去在電影裏訓練的口才、演技，以穩健的臺風，透過幽默的語言、活潑的動作，生動地將佛法傳播出去，很受聽眾歡迎。

她曾在馬來西亞主持「擦亮心燈」講演會；也曾受菲律賓佛光協會之邀，至當地講演弘法；並於美國西來寺以「放下，自在，活在當下」為題，舉行講座；以及應汶萊佛光協會之邀，舉辦「走過二〇、四〇、六〇」生活講座等。只是，遺憾的是，她演一部電影可以有幾萬個觀眾欣賞，而她以檀講師身份做一場講說，卻頂多只有幾百人聆聽而已。或許佛法難弘，就是在於它的曲高和寡吧！

不過，鄭佩佩雖然身處在跌宕起落的演藝圈裏，卻有「貧賤不能移」、「富貴不能動」的安然性格。一度成為天王巨星、女俠皇后的她，經歷世俗浮沈，難免會有人生的空蕩期，但是她堅持自己是一位佛教信徒的立場，守道、守貞、守貧、守住她的家族，全心全意只想把人做好，把優婆夷的角色扮演好；這就是我所認識的

鄭佩佩。

說到人與人之間的相處，有的人，總給你一種距離遙遠的感覺，但是鄭佩佩不然，即使初次見面，也會覺得她像是大家庭裏的一分子。會有這樣的感受，也不是偶然的。有幾次，大家一起吃自助餐，她總是隨衆地，自己拿碗拿筷，不特意做作，擺出大明星的樣子，要人爲她服務；看到餐臺上有空盤子，她也順手就把它挪開，維持桌面的潔淨；與人講話，更是沒有上下之分，一視同仁，極爲自然。甚至於許多電影明星經常傳出緋聞，但她從來都沒有。

她就是這麽隨緣、淡然的一個人，沒有很明顯的喜怒哀樂情緒，當然也就更談不上爲人捧場這回事了。

她一生演出的電影有數十部之多，代表作品有《大醉俠》、《金燕子》、《卧虎藏龍》等。在佛光出版社的協助下，她在馬來西亞《中國報》的專欄，也曾結集成《擦亮心燈》一書出版。總而言之，歷經五光十色演藝生涯的鄭佩佩，在佛法大海裏找到了自己，現在的她，已經是一位「人間佛教」的行者了。

過去在佛教裏，女性往往沒有地位，完全是男性獨大。但是我認爲，若要讓佛教發展開來，最重要的是實踐佛陀「四姓出家，同爲釋氏」的理念。因此，我在佛光山也就主張提倡男女平等，尤其重視女衆對佛教的貢獻，希望能做到真理的平等。

總說一句，在講述《新女性中的優婆夷》一文後，對於女衆護持佛教的熱忱，讓我不禁要再說：女衆是佛教真正的功德主！

佛光山比丘阿羅漢

在佛陀時代，跟隨佛陀出家的男衆弟子，都稱作比丘；經過一段時間修行有成果了，佛陀就會爲他們印證爲阿羅漢。

在臺灣弘法五十多年來，跟隨我出家的比丘、比丘尼不止千人以上。就比丘而言，應該也有數百人；但至今，僅存的只有百餘人。我不知道是他們的福德因緣不夠？還是我教育的不好？或者是現在的社會風氣跟往昔不一樣，無法像過去的出家人，如玄奘大師、太虛大師一般，出家以後，就以「弘法爲家務，利生爲事業」作爲終身的職志了呢？但不管如何，我想任何事情，成與不成都有其因緣。現在就比丘弟子中，僅取數人說明他們跟隨我出家弘法的因緣。

心平

先說在佛光山成爲第二代大師兄的心平法師，他是臺灣宜蘭人，一九三八年出生。曾在一九八五至一九九五年間，擔任佛光山第四任及第五任住持，大家都稱他「平和尚」。

佛教有一個傳統的規矩，叢林裏只能有一個人稱爲「大和尚」，或「和尚」，或「老和尚」，其他的人都不能稱作和尚，只能稱爲某某法師或某某當家師，或者以各種職務來稱呼他爲某某師父，例如：香燈師父、知客師父、堂主師父等。和尚，是「親教師」的意思，應該等同學校的校長。

我在宜蘭弘法的時候，許多年輕人到雷音寺參與佛教活動，誰有善根出家我也沒有想過。一九五九年，慈莊、慈惠等人，在臺北三重埔開設「佛教文化服務處」，時常要寄發流通的佛教書籍、刊物、文物等，因爲印

刷品沈重，我看女衆做起來實在吃力，就說：「假如能有一位男衆來幫忙，就非常圓滿了。」正在我這樣說的時候，慈莊、慈惠、慈容等不約而同告訴我：「我們宜蘭有一位青年叫吳天賜，家裏開印刷廠，每天都會到雷音寺，師父如果肯得叫他來協助，他一定會願意。」

接著，旁邊又有人說：「吳天賜早就想要跟師父出家，只是他不敢說，如果師父叫他來幫忙，他一定會跟你出家的。」就這樣，我從臺北打了一通電話到宜蘭給他，吳天賜接了我的電話後，沒有幾個小時，就從宜蘭到了臺北。我跟他說：「現在佛教文化服務處的包書、印書、搬裝、寄發工作，需要一位有力氣的男衆來幫忙。」他毫不考慮馬上答應，就這樣留了下來，投身到我的門下。

按理，慈莊等人在佛門的資歷、年齡都超過他，但是，因爲他是第一位來入道的男衆，他們也不好意思稱呼他師弟，就叫他師兄。這樣子一來，在佛光山，他就名副其實成爲標準的大師兄了。

吳天賜生性忠厚寡語，在佛教文化服務處的兩三年期間，從不隨便說話攀緣，工作上從不推辭，不投機取巧，也不藉口玩樂，爲人正派，是一位非常本分的青年。

大家都認爲他有條件出家，但是他不敢提出，怕被我拒絕。確實如此，在一九五〇年代初期，有多人表示要跟隨我剃度出家，但我都婉拒了。傳統叢林寺院裏，收了一位徒衆，就必須負起養育他、教育他的責任；當時，我既沒有寺廟，也沒有淨財，連一個落脚的地方也沒有，豈能談什麼養育、教育呢？

後來，在大家的催促下，他們要我叫他出家，甚至在宜蘭電信局服務的蕭碧霞小姐也對吳天賜說：「師兄，你如果跟師父說你要出家，所有衣單，都由我供養。」他被大家鼓勵得非得要跟我請求出家不可，而我也被大家說得非要收他做徒弟不可。因爲這一位青年吳天賜，他對人間沒有欲望要求，也沒有男女的分別心，只注重爲衆生服務，性格忠厚老成。基於這許多條件，我就答應給他機緣出家，於一九六三年剃度，題取法名心平。

隔年，在基隆大覺寺受具足戒，成爲一位比丘。

心平出家以後，確實遇到了困難，第一我沒有寺廟，第二我在高雄籌辦的壽山佛學院，都是招收女衆，他是男衆，但我已沒有地方再辦男衆班了。好在爲時不久，我就一起把他帶到高雄大樹開創佛光山。

到了高雄開山建寺，想到將來在法務上必定需要法會佛事，所以先派他和心定兩人到臺北學習法務，想不到半個月他們就回來了。本來預計學習三個月，怎麽只去半個月就回來了呢？心平說，臺北的經懺佛事待遇太好，給人的誘惑力太强，錢收多了，就不會想再回來，我們還是安貧樂道比較安全。

我很欣賞心平的看法，他到底是個有善根的人，知道自己初出家，在臺北繁華的社會裏，環境容易讓人迷失，所以，就讓他們繼續隨我在高雄開山。

一九六五年左右，由於高雄壽山佛學院學生人數增多，原來的校舍已不敷使用，我想要擴大佛學院，並且招收男衆，便非常積極找尋地方。雖然我知道這需要一筆很大的款項，在那個社會經濟尚不稱富裕的年代，並不是那麽容易籌措得到經費。幸好，我們在高雄有佛教文化服務處和普門幼稚園，我心想，把房屋賣了，買下一片土地，將來在這片土地上，還是一樣可以從事文化、教育的工作。

我記得那時候，變賣房屋所得，在左營澄清湖一帶，頂多只能買一千坪至兩千坪的土地，倘若想要用來辦教育，這樣的面積也還不夠使用。高雄市區的土地太貴了，我們實在買不起。

後來，越南的華僑褚柏思夫婦來找我，他們本來投資想要開辦海事專科學校，但事與願違，資金周轉不靈，導致負債累累。龐大的債務壓得他們喘不過氣來，而想要自殺。我聽了於心不忍，心想：「反正我的錢，買市區的土地也買不成，先救人要緊。」

褚柏思居士，皈依法名又叫「佛林」，在開山之前十年，我編輯《覺世》旬刊時，就曾和他有過往來，我知道他的人格道德，因而想幫他度過難關，就拿錢幫助他。後來，他就說：「那我就把那塊地送給你吧！」這就是現在佛光山從萬壽園、不二門，到東方佛教學院的這一塊地。

正好我想辦佛學院，也就接受下來了。但是，當時的這塊土地，實在一無可取，連個數十坪的平地都沒有，整座山都是山溝，沒有一塊平地。爲了開發，接著我又再跟興田村的村民多購買一些土地。實在說，這些土地也不是他們的，都是政府放領，他們只是領養，我中途跟村民購買下來，由我付租金給政府。後來，心平就奉命在朝山會館現址上搭起一間草寮，作爲開山基地，並且找了宜蘭的水泥匠「阿德師」父子，共同來開山。

當時，這座山位置偏僻，人跡罕至，幾乎與世隔絕。偶爾，我也會上山來陪伴他們，就住在草寮裏，共同研究如何開山。這當中，最爲嚴重的問題是，整座山沒有水，不知道從哪裏取水。好不容易找到水源，吃的水、盥洗用水，得從茅蓬草寮走到現在叢林學院前山溝下，把泉水打上來，可以說是非常辛苦。這一股泉水，我給它取名爲「西來泉」。

其實那個時候，也沒有開出個什麽東西來，倒是挖出的骷髏白骨很多。我把他們先請到壽山寺的納骨堂暫奉，等到佛光山萬壽園完成後，再從壽山寺請回來安奉，總計也有一百多具。記得當時還有兩塊不太整齊的石碑，據説是清道光年間一名進士的墓碑，但輾轉遷移了安置的地點，現在也不知遷到哪裏去。這就是佛光山最早的歷史了。

心平每天跟著推土機在山上整地、填土，從建設東方佛教學院開始，一直到一九六九年院舍完成，一九七一年大悲殿開光落成，佛光山慢慢纔具有一點規模。此時，在宜蘭雷音寺的信徒看我幾乎都在外面發展，不回宜蘭弘法，大家也有了意見。我想，佛光山正在開山，如果要回宜蘭發展，最適合的就是心平法師了。他和原本住在雷音寺的妙專師有親戚關係，信徒應該更容易接受他，而且我是應邀到宜蘭弘法，實在也不

好要做住持。因此，我就請李決和居士商之於妙專師，讓心平回到宜蘭住持雷音寺。

讓心平法師回到宜蘭雷音寺，一來，是感謝宜蘭對我二十年以上的照顧，我也應該回饋，讓他把道場重光，光大宜蘭的佛教；二來，心平也可以累積弘法的經驗。他回去宜蘭，就把雷音寺改爲「佛光山雷音寺」，因爲雷音寺原屬於地方佛道不分的民間寺廟，本來不是佛光山的，但他不畏人言，心中只有正信的佛教。在他想：「既然要我來當住持，我就是佛光山。」後來，接任的過程也風平浪靜，沒有人說話，這也是受他的威德正義所感化。

心平回宜蘭雷音寺主持弘法事務後，佛光山就由我來接辦開山。我在高雄，心平在宜蘭，每年雷音寺有重大法會時，我就回去助他一臂之力，而我這邊有什麼事情需要幫忙，他也從宜蘭趕回來協助，我們南北雙方合作，進展很快。心平把雷音寺重建裝修完成以後，又調回佛光山擔任當家，推動各項弘法活動。

心平實在適合做一個領導人，爲什麼？因爲他「有量」，所有的工作都肯得跟大家一起做，自己也不居功。凡各單位有不足的地方，他就義不容辭鼎力相助。例如：客人太多，廚房忙不過來，我就經常看到他在廚房裏煮菜；颱風來了，淹了大水，土石流失，工程組忙著搶救，我也看到他跟著去工作。

另外，心平爲人脚踏實地，勤勞守分，在人事和工作上毫無一點閒話和怨言，雖然他讀的書不多，不算是一個有學問的人，也沒有奇異之能，但是他平和的性格，可以用八個字形容：「充分授權，服務大衆」。他沒有執著，沒有堅持己見，他也不喜歡總攬大權，集中管理。在管理上，心平接受我的意見，採分工合作，分法務組、總務組、財務組、工程組、知客組等，各自發揮。

當時佛光山正在發展，在心平的領導下，可以說百花齊放、百家皆鳴，所有的弘法工作都一起開展，多彩多姿。而他最大的優點是不妬人有，不怕人高，他尤其不嫉人好，任何一個人，只要你對佛教、對常住有表現，你做什麼事，他都支持你。他真正做到「分工合作，以才爲用」。觀察心平的行住坐卧，我曾送他四句法語：「以慈悲獲得尊重，以智慧處理是非，以恭敬接待大衆，以道德修養身心。」我想這四句話，真的是他一生最佳的寫照。

一九八五年八月二十二日，我依自己所制訂的「佛光山組織章程規約」從住持退位下來。有人問我爲什麼？我說：「我的任期滿了，應該把住持之職交給心平法師擔任。」那個時候，我們也不懂什麼政治上的術語，就以佛門用語「退位」發出訊息，亦即「星雲退位，心平接管」。哪裏知道，這樣的話一發出，立刻驚動了臺北的政治圈子，甚至連「總統府」都來替我修正，叫我不可以用這句話，要我改爲「傳法」。我想，佛教裏本來也就有「傳法」，感謝「總統府」給我的指導，既名「傳法」，那一天的儀禮也就非常慎重，一切程式按照古禮如法進行，有法卷、法名、法物、法座等。出乎意外的，引起當時社會輿論，如報紙、電臺的大幅報導，各界紛紛發表看法。

時光很快，心平法師第四任住持六年任滿後，又獲選擔任第五任，可惜，天不假年，在第五任期中，因爲肝病圓寂。當時，我正在菲律賓參加國際佛光會世界總會理監事會議，據聞心平已在臺北榮總逝世，良深痛惜，趕回臺灣上香時，內心深深感到不捨。他的遺囑在慧龍法師等人協助下完成，其中有很多精神理念，我非常欣賞、讚嘆，也將之收錄如下。

佛光山故住持心平和尚遺囑

心平自去夏旅美歸來，醫師即告患有肝癌之症，自知世緣已了，將要先走一步。

心平自一九六三年二十六歲出家，承師父上人栽培，大衆兄弟護持，一九八五年被選爲佛光山第四任住持之職，盡心盡力，隨順師教，爲佛教發心，爲常住奉獻，又續當選連任，但不幸尚有二年纔到任期，

今未能圓滿，此爲我最對不起師父上人者，尚祈宗務委員會選派宗務委員一人代理未完任期，以免耽誤常住法務之進行，並有數事奉告如下：

一、我之任何所有，乃至衣物，來自常住，今乃交還常住，一切由宗務委員會議決處理。

二、我無儲蓄金銀寶物，但我名下有常住登記之不動產，自應交常住管理。

三、敬請遵守佛教制度，給予火葬，骨灰存放萬壽堂中任何一地，不必造墓，以免浪費，凡事節約爲尚。

四、不發訃聞，不做焰口佛事，希望大家厚愛心平的心，繼續護持佛光山就好。

五、我俗家弟妹人等，皆虔誠佛教信徒，千萬不可過問我的事，僧事僧決，一切皆依佛光山決定，並望弟妹後人永遠護持佛教，如我在世。

六、佛光山道場如今已是國際化、制度化，希望同門師兄弟體諒師父開山立規之辛苦，務望全體大衆必信必忠，同心同德，爲人間淨土而繼續發心。

七、本山男衆比丘、沙彌，更要爭氣，傳燈樓早晚課誦望能不懈，外出必須請假，北海道場要繼續發展；師兄弟間要互相愛護，互相尊重，爲佛光大學、國際佛光會以及推展文化教育等，務期日有所成。

八、師父上人常言：「集體創作，有教無我」的開示，希望凡我佛光人要一體遵守！師父著作應用心細讀！師父所推動之「人間佛教」，要繼續努力！心平不勝馨香企盼！

一九九四年十二月十五日

心平口授　慧龍記錄

慈莊　慈嘉見證

心平和尚去世以後，引起了一個很嚴重的問題，就是佛光山不動產都登記在他的名下，按照目前臺灣地區的有關規定，這些財產全部由他俗家的家人繼承。所幸，他們的家人都是正信的佛教徒，全都不敢接受，把財產全再還給了常住。但是，爲了這樣一筆遺産稅，還是繳納了一億多元。

可見有關宗教問題的一些規定是不適用的。一般世俗的人還是不瞭解佛教的財務，佛教的財務應該爲佛教所有，不能流落社會。這種狀況，希望將來在寺院條例中，可以修改爲將寺院財產歸屬寺廟所有，而不是管理者所有；寺院管理者可以擁有管理權，而不是所有權，這就可以避免寺院財產落到個人手裏了。

心定

心平和尚圓寂了，有人說他沒有福氣，但我說平和尚很有福氣，人在世間有一個階段因緣，他只是世緣已了，來去自由，生死自如。

平和尚圓寂了，按照佛光山的規矩，序級、年資僅次於平和尚的，就是心定法師，按理也就是由他來接任。但是在佛光山擔任住持，要經過選舉纔能定奪，不是「聖旨」一下，就能定天下。不過，因平和尚留下來的任期時間並不長，後經大衆推舉，請心定法師先代理住持，直到一九九七年五月十六日那一天選舉，纔正式選出心定法師就任第六任住持。佛光山很民主，也很公平，心定法師德學兼備，受到大衆肯定，擔任第五任住持圓滿後，又當選第六任住持。

心定法師，臺灣雲林縣人，一九四四年出生，就讀臺中第一中學。服兵役時，隸屬海軍陸戰隊的蛙人班，後來隨部隊在屏東時，因距離佛光山不遠，他放了假就到山上幫忙。因爲孔武有力，所以在開山時期，舉凡打水泥、搬石塊、砌磚牆等一些粗重的工作，他都直下承擔，跟著我一起做，吃苦耐勞，毫無怨言。

他退伍後沒多久，在一九六八年正式跟隨我出家，並且進入東方佛教學院第三期（後更名佛光山叢林學

院）就讀，然後再到「中國文化大學」印度研究所念書，獲得印度學的碩士。由於他好學，音感極佳，因此佛教的法務、唱誦、儀軌等，樣樣都很專長。

佛光山硬體、軟體日趨完備的時候，我就讓文筆曉暢、思慮縝密的心定法師，參與「佛光山組織章程」的起草，甚至於早期幾座別分院的興建緣起，如福山寺、圓福寺、福國寺、海天佛剎等，也都是由他初擬。

心定和尚擔任住持的期間，我也忙著興辦大學、創辦《人間福報》，因爲沒有經費，我就鼓勵他：「如果各道場能有人訂《人間福報》，或是贊助百萬人興學，你可以去爲大衆放焰口祈福結緣。」

後來，心定和尚擔任《人間福報》發行人，也應該爲《人間福報》的發展努力，他果然沒有辜負我的希望，只要一個道場有四百份《人間福報》的訂單，他就去放焰口祈福，十餘年來，因爲這樣的因緣，不知增加了多少萬份的《人間福報》，參與的人應該已有數十萬人以上了。

放焰口結緣也是行佛事，信徒行善佈施，閱讀報紙，參與學校的建設，爲教育文化發展努力，也都是「行佛」佈施，大家都是爲了佛法弘揚，因此自然就法喜充滿。所以，在臺灣競爭激烈的報業裏，《人間福報》能夠在這許多大報中林立，走出屬於自己的乾淨道路，每日發行二十萬份，誠屬不易。除了感謝衆多讀者的肯定，及信衆共同推動佛光大學、百萬人興學外，這當中心定和尚也卓有功績。

談到焰口佛事，心定和尚除了應邀到海內外各道場主法外，也曾於二〇〇四年時到哈佛大學、史密斯大學放焰口；值得一提的，二〇〇八年到倫敦歐大教堂放焰口，這是英國佛教史上首次舉辦瑜伽焰口法會，而且又在基督教堂內，象徵著東西方宗教互放光明。

心定和尚生性慈悲，就等於民意代表要競選的時候，有一句話說「好佯叫」（閩南語），隨傳隨到，我覺得心定法師倒真有這個服務性格，哪裏有信徒需要他做什麼事情，毫不爲難，從不說「不」，在爲人服務方面，

他應該獲得獎牌。

尤其臺灣從北到南，從臺北土城的看守所，一路來到高雄的看守所，多少監獄，甚至巴拉圭打孔布（Tacumbu）監獄，他經常出入其間弘法，爲受刑人皈依三寶，傳授五戒、八關齋戒、短期出家。我看他在監獄裏舉行的皈依典禮，經常都是數百人以上參加，至今也好幾百場了。甚至跟在他之後到監獄弘法的，如：慧法以宗教輔導師的身份到臺南戒毒村監獄佈教，慧定則是擔任明德戒治所駐監傳道師，二十四小時與受刑人生活在一起，這可說是全臺灣獨一無二的特例了。

一般人見到受刑人覺得可怕，認爲他們都是一羣因爲違法亂紀而失去自由的人，其實並不盡然。我想心定法師也一定體會到，在社會上行走的人，未必沒有犯法，在監獄裏面失去自由而服刑的人，也未必有犯罪。所以行爲不好，或者命運乖舛，被判刑是罪有應得也罷，作爲消災免難的檢討也很好，總之，世間難有公道。

過去，我在臺灣也曾做過正式的監獄佈教師，現在定和尚等人繼我之後，更加勤快地在各監獄走動，樂說無礙，毫無分別心。定和尚不像別的法師在各地弘法，受人恭敬，還能收到不少的紅包供養；反之，他在監獄弘法，除了沒有供養外，還要自己帶書籍、零食跟人結緣。從中不難發現心定法師爲人質樸、純篤、樂天的品德。臺灣各個監獄的典獄長，也都很歡喜定和尚前往佈教，他每到監獄佈教一次，對監所的管理上，都能帶來很大的幫助。

由於心定法師能說一些英語，也曾派遣他到美國西來寺服務，並且擔任過住持。後來回到臺灣住持普門寺時，貢獻最大的，就是鼓勵介紹我購買臺北道場。因爲普門寺位於十二層高樓上，不好停車，信徒出入諸多不便。記得有一次，蔣緯國先生到普門寺與我敘談，之後要送他離開時，他站在門口，口哨一吹，非常響亮，司機應聲即刻前來，讓我見識到蔣緯國先生在臺北行走，有這麼一套應付交通之道。但不是每一個人都會吹口

哨，所以後來購買的臺北道場，位於松山車站旁，不但腹地擴大，又可以停兩三百輛車，從此停車就不再是一個嚴重的問題了。

定和尚從佛光山住持退下之後，還很年輕，按照佛光山的章程，住持只能兩任，所以他在退位後，就外出到世界各地去弘法。現在在世界上，繞地球飛行次數最多的出家人，恐怕就算定和尚了。我也很少看到他，有時候問：「定和尚到哪裏呢？」

有人告訴我：「在歐洲。」

再過幾天問：「定和尚到哪裏？」「在南美洲。」

一下歐洲，一下美洲、亞洲來來去去，更不用說了。好在定和尚的身材不高，坐飛機時，在座位上他的兩條腿可以伸直，如果是我，這種長途旅行，我一定會受不了。講到定和尚弘法行化，不論是到南傳佛教或北傳佛教國家，或是大陸、臺灣，他都沒有分別，總是隨遇而安。這並非我是師父，纔如此讚嘆，不管是什麼人，像這樣子的弘法行程，都是令人感到可佩。

由於定和尚在世界各地弘法有成，二〇〇五年，榮獲泰國摩訶朱拉隆功佛教大學頒贈榮譽博士學位，可謂實至名歸了。

雖然定和尚時常在外弘法，但他對於文化的用心卻不減，除了早期《覺世》旬刊、《普門》雜誌中，經常可以見到他的作品外，他在弘法之餘，還出版了《禪定與智慧》、《無量光的祝福》，以及有聲書《心定和尚說故事》和《幸福 DNA——心定和尚說故事 2》等，充分顯示他才華洋溢。

心培和尚

繼心定和尚之後，第七任佛光山住持心培和尚，於二〇〇五年一月晉陞，期滿之後又再擔任第八任住持。

心培和尚，一九六七年生，臺灣澎湖人。他是在一九八六年進山門，由於他的法務、威儀、唱誦梵腔，都超人一等，所以畢業後不久，就擔任佛光山糾察一職。每年傳戒，不論出家戒、在家戒，經常由他擔任開堂，甚至於佛光山梵唄讚頌團到美洲、歐洲、澳洲等數十個國家巡迴弘法演出時，他都是擔任領隊，因而獲得大眾的支持，高票當選，這也是實至名歸。

不過，在佛光山若只是憑著法務擔任住持，我想還是不夠的，由於他曾經擔任叢林學院教師、教務主任、副院長、院長，一路走來，除了教學之外，性格穩重、慈悲正派，也是被大眾所認同肯定，所謂「行解並重」，纔能獲得他人的尊重吧！

自從心培擔任住持之後，經常代表常住到世界各地弘法傳戒，如：到馬來西亞擔任教授和尚，甚至在澳洲佛教史上首度傳授國際三壇大戒的時候，就有十六國的人士參加，可見他也是福德因緣具備。

在臺灣，他不但經常到處演講，服務結緣，對於社會公益活動更是不遺餘力，二〇一一年獲得「教育部」肯定，頒予「社教公益獎」。而在他帶領下，目前擔任宗委會主席辦公室主任的慧思，也是樂說無礙，到處說法結緣。他曾任叢林學院副院長，在印度弘法數年，經常受聘擔任戒會開堂和尚，以及三壇大戒的糾察、引禮等職務，同時也協助培和尚接待信徒、各界賓客等，分擔了許多常住的法務。

培和尚除了到世界各地弘法外，若在山上，必定領眾梵修，到修持中心隨緣開示、指導，會客結緣，在法務閒暇之餘，勤於寫作，這幾年出版的著作也不少。例如：《禪是什麼》、《道在哪裏》、《心的秘密》、《佛是什麼》、《如何念佛》、《歡喜鈔經》；另外有聲書系列有《人間菩提》、《人間般若》，唱頌 CD 有《無盡願》、

《光無邊》等等，也是非常精進不懈。

近幾年來，佛光山在江蘇宜興協助重建祖庭，所以他也經常到大陸關心祖庭大覺寺的工程、法務，並且還要和佛教界多所應酬。我看他到廣東、四川、雲南、河北、湖南、湖北、陝西、遼寧各省，總是匆匆來、匆匆去，結緣服務。看起來，做一個名山的住持，也實在不容易。

慧開

在佛光山男衆當中，學歷最高、學術上成就最大的，恐怕要算慧開法師了。慧開法師，江西雩縣人，生於一九五四年。臺灣大學數學系畢業，後來又到美國進修，獲得天普大學（Temple University）宗教系哲學博士學位。

一九七七年，我正爲創辦的普門中學找尋教師時，他因爲曾經擔任臺灣大學晨曦社社長，以及參加過佛光山大專佛學夏令營的因緣，就前來應徵，並展開普門中學教學生涯。他的專業是數學，化繁就簡的教學方法，贏得全校師生的佩服，也讓原本對數學排斥的學生喜愛上課，且進步快速，這對學校的招生也有所影響。

慧開法師除了教學以外，並兼任訓導主任之職。訓導主任容易找到人，低一級的訓育組長沒有人肯做，記得有一年，慧開法師自告奮勇地跟我說：「主任可以讓給什麼人做，我可以來做訓育組長。」可見慧開法師不爲名利，只想爲教育，所以我非常欣賞他這種美德。

因爲慧開法師在佛學上也有專研，所以後來也到佛教學院教課，善於用引喻的教學法，將艱澀難懂的佛法義理，以深入淺出的方式講解，同樣備受師生肯定。我很欣賞他自學研究的精神，因此就和美國天普大學的教授傅偉勳博士說：「我介紹一個徒弟到您的門下受教。」傅教授欣然同意。慧開法師一去美國十年，可謂「十年

寒窗苦，題名天下知」，用現在的話說「學成歸國」，應該不爲過的。

他回來後，時值我接辦的南華大學開學不久，便以副教授的身份，擔任生死學研究所的所長，而自己也用功研究、著書立作，在學術上有所成就，讓「生死學」成爲教育界的熱門學科，提升了社會大衆對生命教育的重視。接著，他又升爲教授，又擔任人文學院的院長，再升任副校長。

二〇〇六年，佛光大學經「教育部」核可，正式成立「佛教學院」，佛學系碩士班全程以英文教學，並准予頒授碩士及博士學位。慧開具有豐富的行政經驗，又有專業的背景；因此，佛光大學便邀請慧開法師前往擔任佛教學院院長一職。

此外，佛光山邁向資訊電腦化時代，成立了資訊中心，在運用網路弘法方面，慧開法師也打下基礎，做出了成績。現在，由佛光大學「學習與數位科技學系」碩士班畢業的比丘尼妙曜法師，繼任資訊中心主任。我想，佛教電腦化最大的目的，是將科技與佛法結合，方便弘法，以達到事半功倍的效用，因此我也樂觀其成。

除了教學以外，慧開法師也經常到世界各地參加學術會議並發表論文。他數次前往羅馬教廷，參加世界宗教領袖和平會議和宗教圓桌論壇，甚至還兩度應邀發表演說，與教宗若望保祿二世進行對話。另外，也有多本著作問世，如《未知死，焉知生》等，在學術上算是小有成就了。

慧傳

佛光山現任的都監院院長慧傳法師，雖然於二〇一一年已經五十四歲了，但是講起來，一路受的都是佛光教育。他是我創辦宜蘭慈愛幼稚園第二屆的幼兒生。在屏東農業大學畢業後，進入佛光山叢林學院就讀，並且擔任過普門中學校長。

接著，敘說也曾擔任男眾學部院長的慧寬法師。慧寬，彰化員林人，一九七〇年生。父親賴義明居士是

說的佛教徒，本來有心要把兩個兒子在大專畢業後都送來佛光山出家，但我說不可以，一個就好，就選擇了二公子來山出家剃度，法名叫「慧寬」。一九九一年六月，在佛光山傳授三個月的「萬佛三壇羅漢戒期」中，受具足戒。

慧寬完成叢林學院、「中國佛教研究院」學業以後，常住又派他到日本佛教大學佛學系進修。回山之後，便承擔起許多重要的職務。如：叢林學院男眾學部主任、叢林學院院長。先後擔任臺南禪淨中心、臺南講堂、臺北松山寺、高雄佛教堂住持。

慧寬法師之所以到松山寺任職，是因為位於臺北市松山區人口密集的松山寺，寺裏的納骨堂供奉著七八千個靈骨龕位，不幸於一九九七年遭遇祝融之災，使得靈骨龕位幾乎全毀，難以辨別清理。家屬憤慨不平，住持靈根法師因已年近九十，不堪過問這許多的繁雜事務，就改組董事會，決定交由佛光山來處理。經改選後，慈惠法師當選董事長，佛光山就派任慧寬前往擔任住持一職。

當時，受災後的松山寺，各項事務處理起來確實非常棘手，相關人士從「中國佛教會」到「議員」、民意代表，甚至於黑道等，都有心要來過問。幸虧年輕的慧寬法師對於官方規定，以及對齋主信衆的關照、人情、事理上非常通達，周旋得法，使得松山寺的善後工作，進行得非常順暢圓滿。

經過這一事件，讓我有一個想法，佛教界如果有心要建立道場，必須對繼承人多用心培養。晨光道安法師創建的松山寺，繼傳承兩代就難以繼續，不禁令人唏噓。佛光山出面代為處理，只為了保護佛教的道場，不忍心寺院被社會人士利用，讓佛教弘法的功用產生了變化。然而，佛光山分別院也很多，實在分不出人才來擔任。

記得，慧寬法師擔任松山寺住持後不久，臺北市政府原本計畫組織一個青年「國樂團」，終因開支浩巨未

果。這當中，團長兼指揮王正平先生，和其中大多數團員都是佛光山皈依信徒，曾經隨「佛光山梵唄讚頌團」遠征歐洲、美洲、澳洲各地弘法，慈惠法師念此因緣，於是便成立「人間音緣梵樂團」，邀請他們前來參與，同時招收一羣年輕愛好國樂的青年，每週借用松山寺作為練習的場所，之後在臺灣各地巡迴表演，對於社會文藝風氣的增進，佛教音樂的弘法，幫助甚大。

由於慧寬法師善於調解各種糾紛，所以當高雄佛教堂進行改組時，我也請他前往協助處理。

高雄佛教堂在一九五〇年代初建時，我也參與了一些因緣，後來因為人事等諸多問題，我就不再過問了（見《高雄佛教堂歷史真相》一文）。數十年來，信徒紛爭不斷，董、監事意見很多，二〇〇四年再次改組，方邀佛光山派人前往管理，並選出慧寬法師擔任董事長。

慧寬知道高雄佛教堂的前因後果，感到佛教堂應該能為佛教再做出一些弘法利生的事業，讓佛法放光，因此忍辱負重，協調人事，重建寺院的綱常規矩。現在，道場每日早、晚課誦，每週各種弘法活動，信徒都熱心參與，彼此和諧相處，其樂也融融。

此外，慧寬法師對於青年教育相當重視，尤其他在心理諮商、情緒管理上有一些研究，所以發心應邀前往企業社團及各大學、高中、初中等學校為青少年講演，每年至少也有兩百場左右。

後來，佛光山在大陸有一些法務因緣，需要跟各處往來，最先派遣慧倫、慧是前往服務。過後因緣更多，便派慧寬接續，帶領慧中、慧一、慧有等人在大陸服務。起初，擔任連雲港海清寺導師，目前繼江芳妮小姐之後，在鑒真圖書館擔任執行長，主持每月兩次的文化活動「揚州講壇」。慧寬能說能寫，有《自在——人生必修七堂課》一書問世，非常受到大陸領導的肯定與護持。

慧龍

慧龍法師，一九五〇年出生，祖籍湖北，生長在臺灣，學校畢業以後，就隨心平法師到佛光山。因爲年紀尚小，全由心平關照，幾乎成爲心平法師的侍者。

他和慧傳法師是親兄弟，父親方鐵錚是中階軍官，母親李新肅女士是小學教師。因仰慕中華文化，經由父母作主嫁給外省籍人士，成爲臺灣光復後，本省婦女最早嫁給外省人的範例。

慧龍的父親退役後開設香燭店，外祖父李泱和居士是宜蘭念佛會創始人之一，由於這許多關係，從小就具有得度的因緣。

由於慧龍的父親早逝，我念及他的母親必須獨自扶養五個孩子，可謂食指浩繁。於是，便要他跟隨心平到臺北三重佛教文化服務處幫忙。後來到高雄佛光山協助開山，並且進入東方佛教學院就讀，成爲第三屆的學生，與心定法師是同學。可以說，慧龍法師這一生，應該是受心平、心定兩位師兄身教的影響很大。

慧龍爲人憨厚，性格慈悲，與人爲善，對常住的一切大小事務，都非常熱心服務大衆。不論是總務採購，或是萬壽園工程監工等初期開山工作，都有他參與的經歷。不幸的是，一九八三年九月，他外出辦事，回山時發生嚴重車禍，幾乎粉身碎骨；幸蒙佛菩薩加被，動了數次大手術，總算撿回一條性命，後來他再也不敢開車，一直做一些內勤工作。

由於他生性慈悲，服務熱忱，做什麼事都歡歡喜喜，所以常住派遣他在慈善院爲大衆服務，協助辦理育幼院、佛光精舍，從小孩到老人，都卓有成績。一九九三年他還當選了「全臺好人好事代表」，可說實至名歸。

後來，繼心平法師之後，他也回到故鄉宜蘭擔任雷音寺住持。因爲爲人厚道，所以師兄弟都非常擁護他。在他上任不久，當時宜蘭縣警察局謝銀黨局長，發起「愛心媽媽」運動，保護學生上下學安全，他也協助發動信徒熱烈響應。每天清晨、中午、黃昏，都可以看到他騎著腳踏車前往各小學，關懷「愛心媽媽」的辛勞，感謝他們支持援助。後來做出了成績，蒙教育廳發函，令臺灣各校校長派員觀摩，並且紛紛成立「愛心媽媽」，共同保護孩子的安全。接著，他又再擔任桃園寶塔寺住持，至二〇〇二年，見弘法師托付南投清德寺予佛光山管理，常住再派慧龍法師前往主持寺務，繼續弘傳，於今也十年了。

由於他的親和力强，隨時隨處散播歡喜，因此在佛教界裏的朋友很多，五十歲左右的佛教界人士，幾乎跟他都有來往。他那五湖四海的性格，跟人沒有分别，人我關係融洽，也非常令人欣賞，因此有很多的活動、法務，都由他出面邀約、調和、協助。

我多次住院，像有一次是腿骨斷了，一次是心臟開刀，都是由他護持，我們師徒之間，一來因他從小入道，二來因生活關係，很多生活瑣事，彼此都不太計較。他視我如父，我也視他如子，如今，我們師徒二人年齡都老邁了，追憶往事，彼此也可稱爲人生稽首的道友了。

慧濟（心保和尚）

慧濟法師，一九六四年出生，是臺灣中部人。我記得他是在一九八〇年初，到佛光山來就讀叢林學院專修學部，進而出家入道。一九八八年，佛光山慶祝洛杉磯西來寺落成開光，傳授三壇大戒，他也前往受具足戒；二〇〇八年底，西來寺慶祝建寺二十週年，再次舉辦國際三壇大戒，經過二十年的涵養修持，慧濟法師已經擔任尊證阿闍黎了。

慧濟法師在美國受戒後，就奉常住之命留在美國弘法。美國是一個自由的國度，人民性格開放，但他堅守佛門的規矩，並沒有跟著出去遊山玩水，都在寺中隨衆清修。其間，常住爲增强他的歷練，也曾派遣他到加拿

大温哥華弘法、到紐約的鹿野苑負責管理。他爲人善良，謹守分際，從不議論別人是非，更不曾任性批評人事好壞。所謂「叢林以無事爲興隆」，一位青年男衆，能在美國這樣自由的世界裏潔身自愛，守戒修道，誠屬不易。而在他的領導下，西來寺男衆還有慧聖、慧宣，以及宗教學博士慧東等，共同在西方社會徧植淨蓮。

受前幾任西來寺住持，如：慈莊法師等人的影響，慧濟法師也樂於與當地教界交往，彼此保持良好的關係。例如，每一年「南加州佛教界聯合慶祝佛誕節大會」，西來寺都率隊參與其間，並且協助許多幕後工作。他也擅於講經說法，經常應各界之邀做佛學講座，並爲許多信徒主持佛化婚禮，舉辦家庭普照。因此而受大衆推薦擔任西來寺住持。這些年來，他參與西來大學董事會，爲西來大學校務基金助一臂之力，也爲西來寺購買鄰近土地，以擴大弘法功能，可見其爲常住相當盡心盡力。

最難得的是，他在臺中有一個家廟，家裏的人事一直希望他回去擔任家廟的主管，但他認爲既已在佛光山出家了，就不能再回到家廟主管事務，應該爲了佛教，爲了常住「將此身心奉塵剎，是則名爲報佛恩」，這樣的精神令人讚嘆，我也非常欣慰。

今年（二〇一二年）九月，依時間制度，現任住持心培法師已連任一次，無法再任，因此本山在舉辦一年一度世界僧衆大會時，全世界一千餘位徒衆齊聚如來殿，先選出新任宗委慧傳、覺培、慧濟、如常、慧讓、覺居、妙士、妙凡、慧知法師等九名委員；妙樂、覺元、妙蓮、覺禹、慧屏法師等五名候補委員，共十四人。隨後，九位新科宗委於本山「戒壇」，選出慧濟法師（心保和尚）爲宗委會主席暨第九任住持。

佛光山自一九六七年開山，我擔任了十八年住持，等到基本建設初步完成後，爲維護制度，讓活水長流，法輪常轉，不做萬年住持，因而退位。在佛教界，佛光山可說是第一個以投票方式，選舉繼任住持的民主化教團，甚至影響企業界學習，交棒給第二、第三代傳人，帶動臺灣一大進步。這次宗委選舉，有承先啓後的意義、重大的革新——年輕化，我希望由中生代青壯年比丘、比丘尼出綫擔當責任，長老們於幕後輔助；只有讓有爲者都能起來，佛教的發展纔會有傳承。

慧昭

佛光山修持中心主任慧昭法師，一九六五年出生，臺灣雲林縣人，一九九一年跟隨我出家。出家前，曾擔任攝影師，也在普門寺學佛並且擔任義工多年。爲了深入經藏，就前往位於佛光山北海道場的叢林學院男衆學部，以及佛光山「中國佛教研究院」就讀。

慧昭法師肯於學習，做事腳踏實地，性格耐煩，對於常住大小事物熱心參與，尤其他樂於說法，各地邀約他去講經，只要時間允許，從不拒絕，總是歡喜前往結緣。

他曾擔任叢林學院男衆學部專任教師，又升任男衆學部輔導主任。後來跟常住申請進禪堂參修，十五年來除了自己在心地下功夫，也經常到各地參加學術會議，發表論文。幾十年來的參修，從禪學僧、職事，一路來，他老實修行，靜中養成，二〇〇三年，經常住大衆的肯定，升任禪堂堂主；三年後，再升任佛光山修持中心（禪堂、念佛堂、抄經堂）主任。

禪堂在慧昭及維那慧誠、慧印的努力帶領下，每年還有大大小小，對內對外的禪修不下數百場。慧昭除了歡喜前往結緣外，也帶動了禪修風潮，不少企業界的主管，參加過後，每年都會帶領中階主管，或員工來山淨心修持。

堂主任內他也重編《佛光禪入門》一書，對初學禪修的人來說，是一本方便的入門書；另外，爲了培養更多的禪講師，我就要他成立「禪講師研究院」，開辦「禪學堂」，他也很認真帶領，甚至禪學僧發心在《人間

福報》開闢一個專欄，撰寫他們禪修體驗。刊出後，引起讀者熱烈回響，吸引許多社會人士進禪堂打禪七，後來也結集成書，取名《禪堂風光》。

一九九九年，雲居樓大齋堂蓋好後，全山大衆一起過堂吃飯，需要一位總糾察，及幾位助理糾察。記得當時負責籌劃的慈嘉法師打電話給慧昭法師，要他推薦幾位人才。慈嘉法師說：「全山大衆要一起在雲居樓過堂，需要一位總糾察，你能不能推薦幾位男衆，身高高一點，最好在一百七十公分以上，像你就太矮了。」想不到，他很謙虛地回答：「是的，我太矮不適合。」他不但沒有生氣，反而馬上推薦幾位師兄弟擔任，既不嫉妒人有，也爲常住舉薦人才，我就告訴慈嘉法師說：「常住需要這樣的總糾察，就由他來擔任吧！」

去年（二〇一〇年），我將已喬遷出去的普門中學，其空下來的活動中心，成立「福慧家園」共修會的道場，教室則設成福慧兒童班上課教室，讓親子利用假日回到福慧家園參加共修會。一年共分四季，每一季十二期，每一期一個主題，由主持人帶領與談人共同分享當季主題。並且選派慧昭法師擔任住持，帶領妙宥法師及多位義工，一起爲參與福慧共修的大衆服務。希望大家在福慧家園裏「行佛修福慧」，透過「行佛」，人人福慧具足，圓滿人生。慧昭法師也不負衆望，自去年開辦以來，來自各地的佛光人每週近千人共修。

慧得

慧得法師，臺南人，一九六八年出生。可以說一出生就與佛教結緣，他的父親唐順華居士，爲他取名爲「佛道」，期許他未來朝向佛道而行佛事。唐順華居士服務於警界，一九六〇年代，就跟著我學佛，他和太太唐曾烏格，對佛光山一直都非常護持，並且經常帶著孩子參與佛光山的各項活動，平常在家特別喜歡看《普門》雜誌、《覺世》旬刊，每年過年也都帶著全家到佛光山來圍爐。他一生最大的遺憾就是沒能出家，好在後來慧得法師及姐姐滿穆法師二人相繼出家後，纔完成他的志願。

受到父親的影響，慧得法師的兩個姐姐先後就讀叢林學院，後來一位隨我出家，就是現在的滿穆法師；另一位姐姐唐佛庭雖然沒有出家，結婚後也帶著家人孩子一起護持佛教；而另一位弟弟唐福良則在慧慈寺任職，並利用假日至南臺別院佛光緣美術館擔任義工，全家可以說是標準的佛光家庭。

慧得法師高中畢業後，投入軍戎。還在念軍校的他，每次放假，不是回家，就是往佛光山跑，不論拜佛、朝山，或是出坡打掃、包便當，他樣樣都跟著做，沒有半點軍人的架子，可以說把佛光山當作自己的家一樣。吃苦耐勞、合羣忠果的個性，我想擔任軍職再適合不過了。他在軍中是擔任營長的職務，但耿直不阿的性格，卻也讓他急於想要退役，後來進入佛光山叢林學院就讀，並跟隨我出家。

叢林學院畢業後，就到都監院任職，耐煩、肯爲大衆服務的性格，很快就擔任頭單書記。爲讓他多方面歷練，常住也曾派遣他任職叢林學院男衆學部主任、男衆傳燈會副執行長、南華學舍住持，以及佛光山大溪寶塔寺住持等。

尤其在籌建寶塔寺時，因爲工程、土地的關係，不得不和黑白兩道周旋，由於他當過軍官，也懂得一些人情世故，許多千難萬難的事情在他的調和之下，都能夠圓滿化解。

二〇一一年寶塔寺工程興建完成，寺裏有好幾萬個靈骨塔位，各項設施建築得非常莊嚴，令人讚嘆。這些良善的建設當初是由依嚴法師發起，慧得法師完成，印度籍的慧省等人協助，他們同樣有貢獻，都是功不可沒。

寺院落成後，再度調派慧得回到叢林學院男衆學部擔任院長一職，他也歡喜接受調派，回到佛光山與慧靜等人，共同帶領男衆學部，希望佛光山的男衆在他的帶領下，能爲佛教開創一些歷史。

慧僧

繼慧寬法師之後在高雄佛教堂擔任住持的，就是慧僧法師。在佛教堂人事穩定，道場法務正常之後，常住安排擁有「企管碩士」資格的慧僧前去接任，我想，這是最適合不過了。果真，高雄佛教堂在他的帶領下，寺院道場灑掃清潔、整齊有序，參與道場共修的人數增加不少。

慧僧法師，一九六〇年出生，花蓮人。畢業於日本橫濱市立大學，並獲得企業管理學碩士。一九九四年完成碩士學位後，隔年回到佛光山就讀叢林學院，並跟隨我出家。

個性沈穩，心思細膩的慧僧，也算是佛光山中生代的弟子，雖學管理，我不曾看過他以教條式的管理法來管理人，他很是奉行我說的「最好的管理，就是把自己管理好」。隨和的個性，獲得師兄弟、信徒的讚賞。

我覺得他很有雲水僧的性格，叢林學院畢業後，常住為了讓他多方學習，不論派遣他擔任非洲佛學院副院長、泰國曼谷文教中心主任，或是臺南講堂、北海道場及松山寺的監寺，乃至高雄佛教堂住持，他都能隨緣自在，隨常住需要而調派。

由於他具有親和力，因此很受信徒的護持，一九九八年我在臺南禪淨中心連續兩週主持兩次的三皈五戒，共有六千多人前來求受，可謂前所未有的紀錄。

後來，調派他到臺北松山寺擔任監寺，他在道場舉辦社區元宵燈會，時任臺北市長的馬英九先生、國際佛光會「中華總會」會長吳伯雄先生，及松山寺靈根長老等共同為社會民眾點燈祈福，參與的社區民眾逾兩千人，此敦親睦鄰的活動，打破了當地民眾的認知，成為里民做社教活動時，相互來往的地方，爾後，凡有社區任何活動，也都會邀請松山寺參加。

二〇〇四年，南亞海嘯重創泰國，時任曼谷文教中心主任的慧僧，幾度帶領佛光人前往重災區的普吉島勘查災情、協助救災，至泰國皇宮晉見二公主詩琳通公主（Maha Chakri Sirindhorn），並代表常住捐助臺幣五千萬元予皇家慈善基金會，作為普吉島災區學校重建經費。

此外，他也推動我的泰文傳記《傳燈》等多本著作，讓當地人民認識「人間佛教」的理念，並且積極促進南北傳佛教交流。

慧顯

慧顯法師擔任過馬來西亞東禪寺住持，回到佛光山叢林學院擔任教師後，再調派到印度主持新德里（New Delhi）文教中心，可說是佛光山年輕一代的弟子。

一九七五年出生於馬來西亞丁加奴州（Terengganu）的慧顯，大專畢業後到佛光山叢林學院男眾學部就讀。年紀雖輕，但性格沈穩細心、腳踏實地，因此畢業後就派他到都監院學習行政事務。

多年以來，我有一個想法，佛法要落實當地，唯有本土化纔能生根。因此二〇〇一年我到馬來西亞弘法時，就帶著慧顯同行，希望他將所學貢獻自己的國家，讓佛法在多元種族文化的馬國弘揚。

擔任馬來西亞東禪寺住持期中，慧顯不負眾望，完成了東禪寺重建工程、建立佛光文化樓。春節期間舉辦「東禪寺燈會暨花藝展」，吸引一百五十萬人次觀賞，巴達威（Abdullah bin Haji Ahmad Badawi）還親臨主持開幕禮，讚嘆東禪寺的活動具有提升社會文化及淨化人心的功用。二〇〇五年，他和如常等人，經過多次籌劃，將我的字在大馬的國家畫廊展出。在以伊斯蘭教為國教的馬國，展出佛教文化作品，誠屬不易，顯示大馬的開放、包容。

另外，在慧顯的帶領下，佛光山於當地創下許多第一，如首次舉辦短期出家修道會、成立馬來西亞首文佛教童軍團、舉辦四千人的佛教青年講習會、首度在大馬國家歌劇院發表「人間音緣」歌曲。

難得的是，在這許多熱烈活動後，他申請調回本山禪堂進修。一年後，又再次向常住請調前往印度弘法，至今也有六年。

印度雖是佛教發源地，但四姓階級制度，兩千六百年來沒有多大改變。印度教徒大多排斥外來的宗教，甚至有殺害其他宗教人士，政府打壓宗教的事件發生。但我不曾見到慧顯在弘法道上退心，他依舊堅守崗位，每年還與大馬華人醫療隊、臺灣奇美醫院等醫療團隊的醫護人員及青年合作，至偏遠地區義診。

二〇一一年，「印度佛光文化公司」成立，慧顯為我的著作出版了英文、印度文佛教書籍，目前已有三十五種，並且參加德里國際書展。同時，在新德里文教中心成立沙彌學園，讓佛法能在本土紮根。可以說，「人間佛教」在佛陀的故鄉——印度的弘揚，又向前邁進了一步。

慧峰

慧峰法師，是第一位紐西蘭籍佛光山的出家弟子。他出生於一九七四年，二〇〇一年就讀非洲南華寺英文佛學院，二〇〇四年在澳洲南天寺授國際三壇大戒。後來在常住的安排下，到香港大學佛教研究中心進修，並且獲得博士學位。

據我所知，他父親的家庭是信基督教，母親的家族則信仰天主教，從小他也跟著父親信仰基督教，直到二十幾歲，跟著叔叔到紐西蘭北島佛光山聽經聞法，而對佛教有了初步的認識。慢慢地，在參與道場活動中，覺得佛教的義理對他有所幫助，為了讀懂佛教義理，他發心學習中文。如今，他不但能夠說得一口流利的中文，也能撰寫文章。我幾次到海外弘法講演，也曾經由他做即席英語口譯。

二〇〇三年，我應邀參加揚州大明寺舉行的「鑒真東渡日本一二五〇週年紀念活動」，得知揚州大明寺要建設一所佛學院，因而向當地政府提出，想要捐建一座鑒真圖書館，以延續、推展鑒真大師弘揚佛教。承蒙當地政府首肯，並大力支持。二〇〇五年，我就以佛光山文教基金會的名義捐款，並且要慈惠法師帶領慧峰、慧宜、慧炬法師等人，前往負責籌建工程。而他們也不負眾望，用心工程籌建，以及與當地政府交流，獲得良好的風評。經過兩年的奮鬥，揚州最大仿唐四合院建築——鑒真圖書館，二〇〇八年元旦，終於在蜀岡中峰（即揚州地理最高點平山堂）大明寺之北落成。

由於慧峰法師英文佛學造詣很好，舉凡常住舉辦的英文培訓班，或是國際生命禪學營等國際性的會議、活動，他都直接以英文為學員教授佛學。另外，他也常參與世界各地的英文學術論文發表，例如，二〇〇八年大陸首次舉辦「佛教外語交流會」，常住也派遣他與北京大學的覺航、中國社科院的覺多、佛光大學碩士班的妙光、妙淨、妙哲等海內外近二十位博士生，以中、英、日、韓、泰等多國語言發表論文，及進行佛學上的交流，都受到各界人士的肯定，我這個做師父的人，也感到頗為欣慰。

其他在佛光山出家的男眾還有很多，有的因病英年早逝，有的或有其他外緣離去，如心道法師、慧禮法師、美國聖地牙哥慧光法師等，甚至有的流落於經懺應付僧，或是在小寺院裏安身等，就不一敘述了。只是對於他們未能在大叢林裏發展，而感到可惜！

佛光山菩薩比丘尼

佛光山的佛教事業，並不是一佛、一人所成，就如佛教的發展，也不是只靠教主釋迦牟尼佛，它還要仰仗阿彌陀佛、藥師如來，甚至於諸大菩薩、十方大衆所成就，這也就是佛教所謂的「衆緣和合」。在佛光山這個叢林道場裏，一樣接納了來自世界各國的人士，可以說，它是一個超越時空、超越族羣，僧信共成的教團。

在這個教團中，除了跟隨我皈依佛教的信徒百千萬人以外，由我爲她們剃度的出家弟子就有一千六百人以上。其中，除了約莫兩百人，由於因緣不具或者福德信心不足，離開佛光山，自謀發展以外，目前本山千餘名比丘、比丘尼和萬千的信徒們，都是共同成就這一個時代「人間佛教」教團的有心人。

在這些出家的弟子中，比丘約有兩三百人，此外就是比丘尼，她們分燈在世界五大洲大約三百個寺院裏，擔當法務管理，以佛法與人結緣。

說起現今諸多有志青年加入僧團，臺灣佛教呈現一片興盛蓬勃的景象，並非一夕可成的。以往在大陸，比丘多駐錫於名山叢林，比丘尼則潛居於庵堂精舍，她們多數是貴族化的閉門自修，很少在社會上活動。就是我一九四九年來到臺灣，要想在寺院裏看到年輕的信徒，也並不容易，當然出家的男女青年就更少見了。那麼，在由所謂「老人的佛教」維護佛教傳承的情況之下，可想而知，佛教要想有所發展，自是年輕的活力不夠。

眼見佛教的頹勢，我主動承擔起接引青年的任務，從宜蘭雷音寺開始，我辦理文藝班、歌詠隊、學生會、弘法隊等，乃至佛光山開山初期，我更是傾盡全力舉辦大專佛學夏令營。果真，在成立了這些組織、籌辦了這些活動之後，並沒有讓我失望，日後很多社會青年由於學習上的方便，都紛紛投入佛教教團服務。

關於佛光山的比丘，在另一章已有敘述，此處要說的是比丘尼的發心。

社會上有句俗話說：「女人能頂半邊天。」自古以來，比丘尼對佛教的貢獻，同樣也是撐持了佛教的半邊天。在印度，佛教自從大愛道出家成爲比丘尼後，女衆的教團就逐漸發展起來。許多著名的比丘尼，如：說法第一的法與、智慧第一的計摩、持戒第一的波吒遮羅、禪定第一的難陀等，在當時都很受到尊重。

甚至佛教傳到中國來之後，同樣也有許多比丘尼對佛教做出貢獻，至今仍爲人所敬仰。如：晉代出身書香世家的高貴女性，也是中國第一位比丘尼的淨檢；與雪峰禪師論道的玄機比丘尼，以及元代斷臂印行《磧砂藏》的法珍比丘尼等。

時間再從古代回到現代。說到女性加入佛教教團，在臺灣，比丘尼衆可謂人才濟濟，光是佛光山的比丘尼弟子，也就不可數了。爲了感念這許多比丘尼對佛教做出的貢獻，但又礙於無法一一記述她們的功德妙事，只有選擇幾個代表性的比丘尼，以見一斑，其餘則只能略爲一敘了。

「慈」字輩比丘尼

宜蘭念佛會時期

首先，就從佛光山的長老比丘尼說起。在佛光山，最爲資深的比丘尼，也就是「慈」字輩的弟子，她們都是現今佛教界的佼佼者。第一位是慈莊，第二位是慈惠，第三位是慈容，第四位是慈怡；當年，她們都是年輕的入道者。

說到慈莊法師，一九三一年生，宜蘭人，今年（二〇一一年）已經八十歲了。回想起六十年前，也就是一九五三年，俗名叫做李新桃的慈莊，還只是一位在母校蘭陽女中服務的年輕小姐。生長在一貫道家庭的她，儘管家中是一貫道宜蘭總部，卻沒有因此而加入信仰。甚至於我還發覺到，她似乎對一貫道保持著距離。

因爲在一次她和母親上新竹獅頭山禮佛的途中，我有緣遇到她們，談話之中，纔發現她一點宗教概念都沒有。但是當我說到要在宜蘭講說《金剛經》時，她一聽，倒是很感興趣地問：「我們可以參加嗎？」我說：「當然歡迎！」不過我又附帶一提：「聽完講經之後，還得要參加考試哦！」

大概是因爲要考試，所以那天的聽衆並不多，不過也有百餘人到場，而李新桃就是其中一位。更沒想到的，考試結果，李新桃竟然榮獲第一名，我也就更加覺得她很有佛性，是個有心想在佛學上求進步的女性。

只是事後，她對我提出一個問題：「什麼樣的人纔會信仰佛教？」我聽後卻是非常失望，心裏想：你既然都能在《金剛經》考試中脫穎而出了，難道還不能信仰佛教嗎？不過，我也沒有對她多說什麼，只是輕描淡寫地表示：「需要時間培養！」

從此以後，我就看她經常領導著一羣女青年，勤勞地在雷音寺裏掃地、抹桌椅、整理環境，很用心地想要瞭解佛教。這就讓我有了一個覺悟：有的人，要她從義理上深信佛教並不容易，反而是讓她參加念佛打坐、參與活動、勞動服務，從「行門」上著手，容易契入。

就這樣，經過多年在寺院的服務之後，她終於發覺到自己有皈依的必要，主動向我提出要求，我也就爲她提取法名，叫做「慈莊」。在她皈依後，也真能做到「色身交予常住，性命付給龍天」的無私奉獻，對於信仰的認真，可以說，足爲當時學佛青年的模範。

第二位要說的是慈惠。慈惠法師，一九三四年生，宜蘭人。早年，她是宜蘭稅捐處的職員，在我還沒有到宜蘭講經說法的時候，據聞她就已經奉父親的指示，參加宜蘭念佛會共修。當時，她的穿著時髦，總是一身俐落的旗袍，外加一雙發亮的高跟鞋，打扮入時，氣質高貴。不過，雖然經常到寺院參加共修，卻和念佛的蓮友、同道甚少來往。

一九五四年，宜蘭念佛會預備在佛誕節舉辦一場話劇表演。猶記得那時需要兩位女主角，其中已選定的一位是李新桃，另外一位呢？有人向我建議：名叫張優理的小姐非常合適。就這樣，我們邀請她加入演出名爲《蓮華女的覺悟》劇作。

當時，李新桃小姐扮演蓮華女，張優理小姐則飾演蓮華女的化人，精彩的演出，還轟動了全宜蘭。由於這個因緣，間接地也就讓一些年輕人，紛紛來到雷音寺參加共修，同時也參與各項佛教的傳教活動。我在雷音寺辦理的歌詠隊、文藝班、弘法隊、青年團、學生會、文理補習班，更是沒幾天就湧進了衆多青年。自此，宜蘭也就展開青年學佛運動的風潮了。

再來要說的是吳素真小姐，她就是後來出家的慈容法師，一九三六年生，宜蘭人。起初她在一家藥廠服務，一九五三年，我纔到宜蘭不久，她就領導了八十幾位高中學生，以及少數的社會青年，一起宣誓信仰佛教，皈依三寶；可以說，她們是宜蘭第一批青年入道的示範。

就這樣，在各種因緣的促成之下，宜蘭念佛會青年一下子就增加到了數百人之多。這許多年輕人都很優秀，也各有專長或興趣。其中，喜愛工作、共修、司打法器的一二十人，自動地就以李新桃小姐爲首；喜歡歌唱、音樂、藝文的有數十位，就以張優理小姐爲頭。另外，喜愛讀書、研讀經典的，也有幾十位，她們每天早晨四五點鐘起牀之後，就集合到雷音寺讀書，一直讀到八點鐘纔去上班，這數十人，則以吳素真小姐爲首。

當然，在男青年裏，裘德鑒、楊錫銘、周廣猷、林清志（慈恩），乃至於女性當中的張友良（慈蓮）、潘淑女（慈珍）、謝碧玉（慈範）、林秀美（慈音），也都各有有志之士以她們爲首，形成組織。這麼一來，宜蘭念佛會裏，真是百花齊放，百家爭鳴了。

不過，這一羣年輕人的過分熱情，一時間，也引起了一羣年老信徒的怪罪：「師父只喜歡年輕人，我們老

人没有用了！」由於老年人比較内斂，青年人比較好動，相形之下，老人也就自覺不那麼突出。其實不然，我就安慰那許多年老的信徒説：「青年的力，老年的財，佛教有財、有力纔有發展啊！」

所以，後來宜蘭念佛會老、中、青的信徒，都非常團結友愛，相互尊重。幾十年後，宜蘭雷音寺能從一座地方小廟，重建成四層樓的道場，之後再興建十七層的大樓，就是由於大家有爲教争光的共識所成就的。

話説回來，在宜蘭念佛會的最初十年，這許多年輕人經常跟隨我到鄉村去佈教，近者到宜蘭、礁溪、頭城、羅東、蘇澳，遠者幾乎全臺灣重要鄉鎮，都有她們弘法的足跡。甚至於大家還把佛法帶入監獄，感化了那許多一時迷失的受刑人；把歌聲帶入軍營，給予那許多辛苦的軍人慰勞。

尤其那時候，勞軍的青年當中，像慈莊、慈惠、慈容、張慈蓮、謝慈範等人，都有一副美好的歌喉，相較於大明星，真是絲毫不遜色，還有人比她們爲「金嗓子」周璇，或「低音歌后」白光呢。這麼一來，初期臺灣的佛教，藉由這許多青年活動的舉辦，接連不斷地，也就到處都有年輕人要想加入佛教信仰。

例如，臺中烏日的楊鐵菊，皈依法名叫做慈怡，在公路局擔任「金馬號」小姐，她就寫信問我：「假如一個女青年想要出家，能爲佛教做些什麼事？」一時間，這個問題還真叫我難以回答。因爲那時候的佛教，寺院裏往往只有一些老年人，她們日復一日地，過著青磬紅魚、早晚課誦的日子，年輕人身在其中，又能爲佛教做些什麼呢？

對於這個提問，我經過許久地思考後，就把它寫成了文章，在《覺世》旬刊上發表，名爲《當前的佛教應做些什麼？》。這個重要的問題，在一九五〇年至一九六〇年間，確實引起了大家一番熱烈討論，尤其是學佛的青年們，各個都在思索：自己能爲佛教做什麼？

那個時候，眼看著天主教、基督教一批又一批的年輕人，在蔣夫人的號召之下，紛紛前往美國、歐洲遊歷

參訪，而佛教的青年卻始終没有人給予重視，也曾讓我深感無能爲力。不過，這許多青年倒是不介意，儘管没有出去增廣見識的機會，她們依然滿心歡喜地信仰佛教，這也就叫我感動萬分了。

記得有一次，我帶了十六個年輕人從宜蘭到臺北，在「中國廣播公司」録製唱片，再回到宜蘭的時候，已經是晚上八點多鐘，大家都還没有吃晚飯。可憐的，當時我連供應一頓晚餐的能力都没有，只有把臨上火車前，用僅剩的幾塊錢所買的十六個麵包，分給她們一人一個。

但是，這許多年輕男女們的反應也真是可愛，一個個都急著問我：「師父，你呢？」没有人爲了不能好好吃上一頓晚飯而唉聲嘆氣。印象中，那時我説：「我已經吃過了。」事實上我也是滴水未進，可是在當時，心中滿滿的法喜禪悦，似乎早已忘了飢餓、忙碌、辛勞是怎麼一回事了。

漸漸地，這許多年輕人因爲參與佛教活動的時間久了，信仰也隨之升華，大家都情不自禁地想要獻身佛教。例如慈莊，她在臺北借用了一所佛堂，開辦佛教文化服務處。這所佛堂就是位在三重埔大同南路的一信堂，當時堂主願意把下面一層約二十坪的小店面，借給我們辦理佛教文化服務處，唯一條件是要幫助她的佛堂做早晚功課，燒煮三餐，並且爲信徒舉行上供，消災祈福。

由於佛堂空間不大，慈莊和幾位女青年，只能將就地在原本是小廚房的打水馬達上，鋪設木板，作爲每日的卧鋪。可想而知地，天天睡在隆隆的馬達聲中，自是很辛苦。然而，儘管生活不便，慈莊在佛教文化服務處服務的初期，還是陸續出版了《佛教故事大全》、《佛教童話集》、《佛教小説集》、《中英佛學對照叢書》，甚至每月印經、佛教唱片的發行、陀羅尼經被的提倡等，在在都爲佛教增添了文化的氣息。

後來，慈惠、心平等受到感動，都覺得有必要支援她。所以，慈惠辭去了慈愛幼稚園園長一職之後，也就和心平一起來到佛教文化服務處，協助寫信、編輯、發行事宜。可以説，這許多年輕人都非常有才華，樣樣工

作都能承擔。

不過，說來慚愧，雖然我在臺灣生活了六十多年，卻還是鄉音未改，為信徒講經說法，也就免不了要勞駕慈惠的翻譯。因此，慈惠除了負責佛教文化服務處的工作，還要兼為我翻譯閩南語。

慈惠與生俱來有語言和記憶的特長，記得當年很多法師都因為她的翻譯最好，而紛紛向我借人。如東初、演培、道安、南亭等法師，慈惠都做過他們的翻譯。

其實，慈惠不但長於口譯閩南語，後來她在日本大谷大學留學期間，也很快地就能講說一口流暢的日語，令人非常羨慕。每次我到日本，尤其是在東京，偶遇一些講演的機會，住在京都的許多教授們都會大老遠地撥冗前來聽講。幾次下來，也讓我深感不好意思，只有語帶歉意地對他們說：「你們不必為了聽我講話，老遠從京都趕到東京啊！」

沒想到，那些教授們都很幽默地回答我說：「我們不是來聽你講演的，而是來聽你的高足慈惠法師翻譯日語的。因為大家都覺得奇怪，一個臺灣人怎麼能把我們的母語說得那麼傳神？」所以，慈惠真是從學佛開始，「翻譯」就注定是她一生最重大的工作；至今，她已為我翻譯六十多年了。

至於慈容，則是一路從事幼教工作，從蘇澳臺泥幼稚園的園長，到宜蘭慈愛幼稚園的園長，再到高雄佛教堂負責慈育幼稚園。她在幼兒教育上，確實下了很大的功夫，表現可圈可點；尤其在她和慈惠的努力下，一度還使得慈愛幼稚園的幼童從兩百多位激增到五百多人，為宜蘭幼教界寫下了輝煌的一頁。

說到慈怡，在她皈依佛教後不久，便進入壽山佛學院就讀，但是人還沒有畢業，熱衷寫作的她，就已經擔任《覺世》旬刊編輯。當時，她在該雜誌專欄連載兩年多的作品，還結集成《萬壽日記》一書出版。

總之，這許多的年輕人，真是不分晝夜、不分人我、不分南北，不計較金錢，也沒有待遇地在為佛教發心，可謂真正做到如《弘法者之歌》所說的：「粉身碎骨心無怨，只望佛法可興隆。」

壽山寺時期

後來，我在高雄壽山寺設立壽山佛學院，由於她們三人都有教育方面的專業，所以我就分別請慈莊擔任教務、慈惠擔任訓育、慈容擔任總務，共同負擔起培養人才的責任。

佛光山時期

佛光山開山後，她們更是竭盡全力，將「人間佛教」推向社會，推上國際。例如，慈莊拎著一個小布袋，走徧全世界，繼創立美國西來寺之後，又得慈容法師的合作，共同在歐洲、澳洲、非洲等地設立據點，為我在世界開闢了佛教的一片天地。

說起慈莊在建寺工程上的貢獻，其中的艱辛實在不足為外人道。光是在美國西來寺建寺初期，就經過了六次公聽會、一百多次協調會，加以多少萬人的聯名簽署，終於促成有「美國的紫禁城」之譽的西來寺在洛杉磯興建。

而慈容，擅於策畫活動的她，在擔任臺北普門寺住持十多年間，每個月固定舉辦的課程或活動就不下七十場，源源不斷的創意，總能引發信徒的興致，各取所需來參加活動。

後來，她更以多年帶領信徒的經驗，協助我在世界各地成立佛光會，希望藉由信徒資源的整合，能對社會的安定，起更大的力量。目前國際佛光會在近百個國家和地區，已有一百七十多個協會，數千個分會，並有多達數百萬名佛光人分佈在全世界。除此之外，在臺灣，她還籌辦了十三所人間大學，開辦各類社教課程，以因應這個時代「終身學習」的潮流。

諸如此類的弘法事業，誰又能想到這許多艱巨的任務，只是一羣女性，不惜勞苦地奔波，所獲得的成果呢？

再説慈惠，也有另外一番成就。她除了爲我翻譯以外，正業是主辦教育。目前在世界各地，如印度、香港、馬來西亞等地的佛教學院，都是由她一手策畫而成的。

除此，她還幫助我籌辦多所大學，如：美國的西來大學、臺灣嘉義的南華大學、宜蘭的佛光大學、澳洲的南天大學，以及多所中小學，如：南投的均頭、臺東的均一中小學，並且還曾擔任普門中學校長。若説她是佛教教育的專家，或是對佛教教育深有貢獻的第一人，也真的是一點都不爲過。

只是歲月不待人，在時間的推移之下，六十年後，早期的這許多佛教青年，如今都垂垂老矣了。其中，慈莊已經是八十歲的長老尼，目前長住美國。每次我請她要經常回佛光山，她總是一本客氣的口吻説：「美國政府給予的老人津貼，已足夠讓我生活，就不必再增加常住的負擔了。」不過，儘管她長居遥遠的美國，每當佛光山舉行大型活動時，還是不辭長途飛行的辛苦，回到本山來關心。

另外，慈惠也已從佛光山的職務上退休。不過，今年（二〇一一年）十一月，佛光山舉行「國際萬緣三壇大戒」，她仍發心承擔總策畫。戒期間，除了有出家的比丘、比丘尼、沙彌等五百餘人以外，來山求受五戒、菩薩戒的在家信衆就有三千多人，可謂盛況一時。

另外，她還撥出時間，爲「佛陀紀念館」的園藝景觀做規劃。假如今天有人在「佛陀紀念館」的祇園等處，因目覩美麗的樹木花草而心生歡喜，應該就是慈惠領導著覺省等人所完成的傑作。甚至於，館内的樟樹林滴水坊、雙閣樓（榕樹林）滴水坊建築，也全都是由她一手設計完成的。

至於慈容，她也有七十以上的高齡了。但是她有一股雄心壯志，不服老的意志力，目前仍然擔任佛光山宗務委員、教育院院長、國際佛光會世界總會秘書長等要職。尤其在「佛陀紀念館」落成後，大衆又公推她擔任館長。

提到「佛陀紀念館」，它可謂是當代佛教偉大的建築之一了，光是館内動用的員工就有數百人之多，工作項目從交通、安全、水電、飲食，乃至各種展覽等等，真是千頭萬緒。我想，現在是更進一步展現她領導才華的時候了。

而慈怡，現在則仍然孜孜不倦地深入藏海，從事佛學研究的工作。當年，《佛教史年表》、《佛光大辭典》等佛學巨著的編務，就是由她領導一些有志人士發心完成的。

可以説，早期佛光山的行政工作，真是多虧有慈莊、慈惠、慈容，以及圓寂多年的慈嘉等人協助，纔得以順利完成。當年，她們幾個人不是擔任過朝山會館的館長，負責來山信衆的食宿，就是做過都監院院長，統理全山大小事務，又或者住持一方，領導大衆，可謂都是發大心的菩薩。

博士比丘尼

在佛光山，除了出家學道五十年以上的長老之外，接下來要説的就是跟隨我學道三四十年以上的資深徒衆了。説起這許多長老們，具有博士身份的比丘尼，譬如：依空、依昱、依法，目前分別在美國西來大學、義守大學和加拿大大學等校教書。

此中，尤以依空從中興大學畢業以後不久，就在佛光山出家，這於當年保守的社會裏，實屬難得之舉。特別是，她在出家之前向我表示，省立彰化高商有意邀請她到該校教授國文。基於希望弟子能有完整學習經歷，將來好爲佛光山擔任各種職務，我自是歡喜應允。

只是她一心繫念佛光山，總想回到常住奉獻。因此，在彰化高商的教職告一段落之後，轉而就在佛光山叢林學院做短期教學。接著，又在我的安排下，負笈日本東京大學深造，經由水野弘元教授特別推薦，就讀該校

碩士班。學成歸來後，上進的她，再於高雄師範大學取得了文學博士學位。

之後，她一度擔任員林雙林寺住持，後來，因爲突出的文學才華，以及豐富的世間常識，在常住的支持下，相繼承擔起《普門》雜誌社長、文化院院長等職。二〇〇〇年，《人間福報》創刊，在我的央請之下，她又前往擔任社長。

目前她在嘉義南華大學以及美國西來大學擔任執行董事，一面協助教學工作，還肩負起《佛光大藏經·藝文藏》的編輯工作。可以說，依空真是一位「博學多才」的比丘尼了。

第二位是依昱，於一九七七年，佛光山首次傳授三壇大戒時出家、受戒。自叢林學院畢業後，依昱便負笈日本東京駒澤大學修學，在取得人文科學研究所碩士學位後，又在愛知大學獲得文學博士學位，之後也就一直從事教學工作，曾在佛光山叢林學院、成功大學、義守大學等校教授日文。

至於依法，則是臺灣大學法律系的高材生，因爲參加佛光山大專佛學夏令營，而發心出家學道。之後，在常住的栽培下，負笈美國夏威夷大學修讀碩士學位。不久，又到耶魯大學跟隨外因斯坦（Stanley Weinstein）教授修學宗教學。取得博士學位後，因爲歡喜西方的文化和生活，就一直留在美加，從事教育工作。不過，當中也曾回到臺灣，在高雄「中山大學」教書一段時期。

除了以上具有博士學位的「依」字輩比丘尼以外，如：永有是英國倫敦大學心理學博士，在英國居住長達十年，回臺灣後，由於南華大學非常需要這類人才，也就一直留任該校擔任教學工作；獲得西來大學宗教哲學博士學位的永東，目前在佛光大學任教。

十七歲便來山就讀叢林學院的滿耕，因其聰明和才華，在常住的推薦下，到北京大學攻讀博士學位，之後就一直留在北京；滿庭在擔任臺中東海道場住持後，因爲學術研究上的潛力，在我的鼓勵下，前往日本留學，順利取得佛教大學碩士學位後，又轉往廈門大學攻讀哲學博士學位，目前在佛光大學任教。

再者，滿紀和妙皇是雙胞胎姊妹，同在佛光山出家，前者畢業於政治大學，後者畢業於臺灣科技大學。多年後，長於唯識學的滿紀，在四川大學獲得宗教所博士學位，目前擔任《佛光大藏經·唯識藏》主編；妙皇也繼之在武漢大學獲得宗教所博士學位，現在於西來大學服務。

還有，覺冠是上海復旦大學哲學所博士；覺旻是蘭州大學歷史文獻所敦煌學博士；覺多是中國社會科學院世界宗教研究所博士；覺明是印度德里大學佛學系博士；覺繼是香港大學佛學研究中心博士；有真是史丹福大學數學系博士；覺舫是北京大學教育與人類發展學系博士生，等等，現在她們也都相繼地在各大學或者教團裏服務奉獻。

「依」字輩比丘尼

除了博士弟子以外，從各大學畢業，在弘法利生事業上卓有貢獻的比丘尼，更是爲數衆多。光是「依」字輩徒衆就有：依恒、依來、依淳、依照、依如、依日、依超、依宏、依華等。尤其她們都在海外建立了佛光山別分院，爲佛教於國際上播下了菩提種子。

像依恒，在歷經艱苦卓絕的基隆極樂寺重建工程後，又於美國設立紐約道場，並擔任北美佛光山各別分院總住持多年。其間，她成立佛光會、組織童軍團、創辦「中華學校」，無一不辦得有聲有色，備受肯定。現在，她則是泰國曼谷文教中心導師，也是《佛光大藏經·聲聞藏》主編。

依來，在南非開普敦、約翰內斯堡等地設立道場，可以說是第一位在非洲弘法利生的比丘尼。後來前往澳洲，繼慈莊、永全之後興建中天寺、西澳道場，並且在滿謙之後擔任南天寺住持、創建南天大學。尤其當年她

對於本山大慈育幼院的領導，卓有貢獻，老師、學生對她都是如家長般地尊重。之後，她雖然人在海外弘法，仍然心繫育幼院的發展。近月，本山因其在慈善事業方面的專業，特地請她回臺擔任慈善院院長。

依淳，海洋大學畢業後，協助我在文化大學主持印度文化研究所，同時修讀碩士學位，之後又到美國西來大學攻讀博士學位。在她數十年的出家生涯中，曾任普門中學校長、《人間福報》發行部總經理、都監院院長、叢林學院教師等職。後來轉職到非洲，擔任南華寺住持；退位以後，爲協助新任住持慧昉法師，又擔任南華寺導師，並協助非洲佛學院教務等工作至今。

另外，像依照，曾協助慈莊法師在美國洛杉磯開創西來寺、在法國巴黎設立道場，回到臺灣後，現任香海旅行社執行長，積極結合佛教參訪與休閒旅遊的概念，爲信衆做各地旅行的服務；依如，最早在香港開創佛香講堂，爲佛光山在香港的弘法播下了種子，之後又前往加拿大創建温哥華講堂；依恩，現爲韓國首爾佛光山住持，長期以來，擔任中韓佛教之間交流的橋樑等。可以説，她們在道場建設方面，都爲佛光山立下了汗馬功勞。

除了上述在海外設立道場的徒衆，再如依日曾於美國主持英文翻譯，也從事當地的監獄佈教；依超則繼她之後，在美國擴大成立佛光山國際翻譯中心。據説直到現在，已經翻譯的英文版書籍就有一百多本，另有二十多種語言。

而在這些「依」字輩徒衆當中，最令我感動的就是依華和依宏了。

首先就説依華。有一年，她跟隨我組成的印度朝聖團到印度朝聖，猶記得行程結束，即將上火車前，她向我表示，希望能在印度國際大學留學。我立刻應允：「你就不必上火車了，留下來吧！」就這樣，她在酷熱、貧困的國度裏，生活了十數個寒暑，從來不曾喊苦。

至於依宏，有一回，在我加拿大多倫多的弘法行程圓滿後，大家坐在前往機場的遊覽車上，紛紛説道：「多倫多這個地方文化多元，實在值得建立道場，傳播佛法。」我一聽，就問：「誰人願意？」只見依宏率先表示願意，我即刻就要司機把車子停靠在路邊，好讓她下車。就這樣，我們去了飛機場，而她則留了下來。多年後，依宏不負衆望，果真創立了多倫多佛光山。

其實，佛光山許多「依」字輩的比丘尼，也不單只有在海外拓展而已，在臺灣的，例如壽山佛學院第一届的畢業生依嚴、心如等，也都曾協助我初期佛光山的開山工作，並且擔任各種職務，有的負責教學，有的負責行政，都是卓有功績的比丘尼。

又例如東方佛教學院第三届的依融和紹覺。一九七一年，當她們即將從學院畢業的時候，我問所有畢業生説：「誰願意到蘭陽救濟院工作？」兩人毫不猶豫地就舉手響應。没想到，她們這一去就是三十餘年，從來不曾向我要求調職，真可謂「鞠躬盡瘁」，把一生都奉獻給老人了。

此外，像依諦，在佛光山負責財務工作三十多年，盡心盡力，忠心耿耿；依輝，在員林講堂任職後，回到本山主持萬壽園，爲信徒服務了十多年，現在調任桃園寶塔寺住持，繼續爲大衆服務。

總體而言，「依」字輩的徒衆，如：籌建澎湖海天佛刹的心舫，美國舊金山三寶寺的依勤，馬來西亞關丹禪净中心的依清，聖地牙哥西方寺的依宣，南華寺的依岸、依寬，法務師依培，大慈庵庵主依航，「佛陀紀念館」殿堂組的依潤，奥克蘭佛光寺監寺依是，西來寺會計依住，弘講師依導，乃至於北投安國寺監寺道祥，印尼普門道場的宗如等，她們有的在海内外道場主持寺務，有的負責殿堂、行政等職務，可以説，當年這許多青年就像軍隊一般，南征北討，對佛教甚有貢獻。

碩士比丘尼

自一九九一年後，佛光山的青年才俊更是越來越多，當中一百多位的碩士弟子，也都各有成績表現。例如在各級學校任職或講學的有：國際佛光會「中華總會」秘書長覺培，「人間佛教」研究院研究員妙凡，在南臺科技大學擔任講師的臺北道場住持覺元，在佛光大學教授英文的妙覺，擔任佛光大學董事會秘書的妙日，在佛光山人間大學從事教務長多年後轉調巴西如來寺的覺軒，以及一直以來從事英文口譯講說的妙光等。

另外，在事業單位擔任主管的，如：妙蘊是香海文化執行長，妙開是人間通訊社社長；如常是佛光緣美術館總部總館長，也是「佛陀紀念館」的副館長；妙圓是「佛陀紀念館」工作人員培訓班教務主任，覺具是開山寮當家，妙曜是資訊中心主任，如邦則是出身澳洲格里菲斯大學的碩士。

還有在世界各地道場分任重要住持的，如：臺北普門寺的永富，曾領導「佛光山梵唄讚頌團」於歐洲、澳洲、美洲、亞洲等國家藝術殿堂巡迴演出；臺中惠中寺的覺居，於南投「九二一」大地震期間，對災區救援工作出力甚大；覺禹主持的嘉義圓福寺，曾榮獲嘉義市「辦理公益慈善社會教化事業績優寺廟獎」；妙勤領導的臺南南臺別院，率先成立「佛光青年護持委員會」；妙樂主持的高雄南屏別院，連續兩年榮獲「內政部」頒發「績優宗教團體」表揚；屏東講堂的妙璋，於莫拉克風災期間，帶領佛光會員投入救災；妙士在大陸主持佛光祖庭大覺寺工程，擔任都監，並且是上海普門經舍社長和蘇州嘉應會館美術館館長；妙浄是菲律賓萬年寺住持，領導菲國青年於世界各地演出《佛陀傳音樂劇》，深受好評等。

其他

除了這一羣年輕的博士、碩士徒衆，佛光山還有更多的比丘尼於大學畢業以後，沒有繼續升學，但是她們爲教奉獻不遺餘力，對工作充滿熱忱，在佛光山也是深有成就。

此中在島內別分院擔任住持的，例如：曾任佛光浄土文教基金會執行長的滿舟，於建築方面頗有專長，現在是澎湖海天佛刹住持。臺灣三峽金光明寺的妙蓮，爲發揮「寺院學校化」功能，經常舉辦佛學研究課程。

在島外別分院擔任住持者，如：多倫多佛光山住持永固，曾擔任佛光山叢林學院院長，擅長文教弘法，經常鼓勵信衆成立讀書會，帶動閱讀風氣，並且大力護持本山各項文化出版計畫；日本本棲寺住持滿潤、東京佛光山寺住持覺用，在日本發生「三一一」東北大地震期間，發動救援，並將世界各地佛光人所捐贈的物資，轉予日本政府統籌分配；香港佛光道場住持滿蓮，深受港人崇敬，每次道場舉辦社教活動或法會，參加者總在數千人以上；新馬佛光山總住持覺誠，積極投入青年的接引，過去在巴西弘法時，還榮獲政府頒給科蒂瓦市「榮譽市民獎」；泰國曼谷文教中心住持覺機，代表佛光山投入泰國大水災救援工作，深獲各界肯定；加爾各答禪浄中心妙如，致力於印度佛學院校舍的興建。

滿可在調任南天寺前，於新加坡服務，歷經十餘年的艱辛歷程，終於完成興建道場的使命；紐西蘭南島暨北島佛光山住持滿信，爲紐西蘭皇家員警學校第一位佛教比丘尼輔導師；歐洲地區總住持滿謙，二〇一一年代表我出席梵蒂岡阿西西「世界和平正義反思、對話與祈禱日」活動，是各宗教唯一女性代表；歐洲地區副總住持覺如、妙祥，則是參與佛光山在歐洲弘法鋪路的先鋒等。

另外，在事業單位任職主管的，例如：師範學校出身的永光，在菲律賓弘法十幾年間，面臨菲國政局動蕩，於槍林彈雨的威脅中，絲毫不感畏懼；回臺後，現在擔任佛光山教育院院長。曾任人間衛視總監的永文，籌備拍攝《佛光山開山三十週年紀念影片》；一直於北海道場服務的永平，與同是功德主會會長的滿益一起努力，爲「佛陀紀念館」的興建貢獻甚多；永均是滴水坊總部執行長；永融是「佛陀紀念館」知客組頭單知客；

臺灣大學英文系畢業的滿和，是國際佛教促進會執行長；滿勇長於土地行政，是佛光淨土文教基金會行政管理部主任；滿馨是佛光山總糾察，默默關心本山規矩制度的落實；未出家前曾是長庚醫院金牌護士的覺念，現在是人間衛視總經理；妙志是傳燈會執行長，代表常住關照徒衆的學業、道業及事業。

在佛光山另有一批徒衆從事文教工作，出版佛教書籍，宣揚佛法義理，如：永本，一直以來，從事學術、教學和編藏的工作，繼服務於編藏處二十幾年的永明、永進之後，現在正著手新增《佛光大辭典》條目內容，並進行《佛光大藏經》電子化工作；永芸，因爲喜好文字，叢林學院畢業後擔任《普門雜誌》主編，並繼依空法師之後擔任社長，也曾主持《人間福報》社務，目前是佛光出版社代理社長。

永莊幫我寫了十年的日記；永應、滿濟編輯《中國佛教白話經典寶藏》；滿果編印了六十期的《普門學報》；滿觀是上海大覺文化執行長；滿義著作《星雲模式的人間佛教》；滿光曾任《覺世》旬刊、《世界佛教美術圖說大辭典》編輯；妙有編輯《佛光山徒衆手册》等，都爲現代佛教的發展留下歷史的一頁。

其他，如從事語言翻譯或講說的妙西（英文）、滿容、妙希（法文），妙慎、有方（泰文），覺燈（印尼文），如海（西班牙文），以及一直以來，擔任本山與非漢語系國家，如越南、柬埔寨、斯里蘭卡等佛教界人士往來橋樑的覺門等。甚至佛光山聯合診所執行長妙僧，以及投入佛光祖庭宜興大覺寺建寺弘法行列的妙憪、妙海、如清、有岸、有勤等，各個都是直下承擔如來家業的比丘尼。

除了上述的比丘尼，在佛光山千餘名出家衆中，仍有許多默默爲常住、爲佛教發心奉獻，不計名位，且堅守本分者。由於當中大多是出家二十年內的新兵（入道未久），大家年齡都還輕，正在爲未來的佛教和自己的前途努力打拚，在此也就不再一一敘述。

總說一句，佛光山並不是由某一個人所造就的，而是在大家的集體創作之下，纔成就今日「法水長流五大洲」的局面。

佛光山師姑善女人

在佛教裏，一個完整的僧團組織，是由七衆弟子所組成。所謂「七衆」，指的就是比丘、比丘尼、沙彌、沙彌尼、式叉摩那、優婆塞、優婆夷。說到比丘、比丘尼，大家都知道是出家的男衆和出家的女衆。但是優婆塞、優婆夷、沙彌、沙彌尼、式叉摩那，一般人對這幾個佛教的專有名詞也就不太瞭解了。沙彌、沙彌尼是指未滿二十歲的出家少年，當中，受過沙彌戒的男子，叫做沙彌；受過沙彌尼戒的女子，就叫做沙彌尼。另外，優婆塞、優婆夷，它的意譯是近事男、近事女，再白話一點說，就是男居士、女居士；不過，七衆當中，社會人士最不瞭解的，應該就是式叉摩那了。

在佛教裏，「式叉摩那」是指有意出家入道的青年女性，因爲身份特殊，所以要成爲比丘尼之前，爲了防範一些意外的事情發生，也就有兩年的觀察期。這段時間，青年女子在寺院裏安住修行，但還不能剃度，且要守持「六法戒」。佛光山的「師姑」就類似於「式叉摩那」，只是她們發願以在家人的身份，終身奉獻佛門。

目前佛光山七衆弟子皆具，已經成爲一個教團。甚至於說它是一個國際性的教團也不誇大，因爲在時間上，它有半個世紀以上的歷史；在空間上，它徧佈世界五大洲；在人事上，則有二十六個國家和地區的人士聚集修學。

在佛光山的教團裏，理所當然地是以比丘、比丘尼爲中心，但也需要衆多的男居士、女居士護持。而在這許多居士當中，除了居家學佛以外，没有結婚的男士還可以入道當「教士」；没有結婚的女士，所謂「帶髮修行」的女子，則可以做「師姑」。當然，也有一些結過婚的女性，在離開家庭後，來到佛光山長住修道，而那也只能叫做「師姊」，不能稱爲「師姑」。成爲「師姑」的條件，必須如同出家的比丘尼一樣，没有結婚，纔有資格入道。

目前佛光山約有百位師姑，她們和出家衆一樣，分佈在世界各地的道場服務，對佛光教團有很大的貢獻。她們不僅和一般信徒一樣，用財物來支援教團的法務，還用她們的青春歲月和力量，獻身教務，可以說，與出家衆奉獻常住的發心，其意義是同等重要的。

說起師姑，現在就以幾位代表性的人物來敘說。第一位應該就是人稱「蕭師姑」的蕭碧霞了。

蕭碧霞

蕭碧霞師姑，一九四一年生，宜蘭人。一九五〇年代，我初到宜蘭的時候，她還只是一個十二歲的小姑娘，家住頭城，父親是郵政局的局長。不過，那個時候，童男童女信仰佛教已經蔚爲風氣，很多小孩經常在寺院裏走動，我也就没有特別注意到她一個人了。

當年，蕭碧霞在母親的鼓勵下，初中畢業，纔十五六歲的年紀，就以優異的成績考進了宜蘭電信局。之後，還因爲表現績優，獲頒「全臺模範勞工」的殊榮。

有一天，她和一羣年輕的電信局話務小姐，結伴來到宜蘭雷音寺參加共修活動。那個時候，雷音寺裏没有客廳，大家講話都是站在丹墀上講，偶爾我也隨衆站在那裏。有一次，忽然有人指著這一位小小姐，對我說：「這個美麗的女生應該去競選『中國小姐』。」那時正值連方瑀、林静宜等人在臺北競選「中國小姐」的期中，確實不錯，當時的蕭小姐，端莊大方，還真具有參加選拔的條件。不過，蕭碧霞並没有去競選「中國小姐」，反而一心向道，歡喜地投入佛門。

那時候佛教要想吸引社會優秀青年到寺廟，還是不具條件的。因爲寺廟裏既無事業，又無清淨的殿堂，連

進入寺廟，要想找一張椅凳坐一下都非常困難，她們能不嫌棄雷音寺的簡陋，肯得在大衆裏隨喜拜佛，算是很難得的。

後來，我在各地弘法，聽説蕭碧霞到政治大學進修，甚至於晉升爲宜蘭電信局稽查員，我也很爲她的上進和成就感到榮耀。尤其那時候，我已經到佛光山來開山，並且將宜蘭雷音寺交由心平法師主持，但是宜蘭電信局這一班虔誠的信徒，仍然持續地護持雷音寺，護持心平法師，實在非常難得。據聞，心平法師在宜蘭雷音寺數年之中，有六次因民衆舉報違章建築，而讓拆除大隊來到現場要把房舍拆除，最後都是在蕭碧霞和這羣小姐們的維護下，反把拆除大隊給撤回去的。

當時，我也不知道這一羣娘子軍有這麼大的威力，後來纔知道，她們在電信局服務，經常都要和當地的政府、警察局等公家機關往來。心平法師也算有福氣，藉助她們的力量，纔保住了雷音寺許多建築，免於被拆除的命運。

想起當年，這許多電信局的小姐之中，尤其是蕭碧霞，凡是雷音寺有外來信徒、客人要吃飯，她都自告奮勇地表示要參與典座（烹煮）工作。尤其那個時候，臺灣各地的寺廟很少有會計人才，可是在面臨當局逐漸對寺廟要求財務公開之際，又不能没有專職負責財務的人，向來熱心的蕭師姑，也就義務來到雷音寺擔任會計。按照現在所謂「義工」的稱呼，蕭師姑應該算是我來臺之初最早的義工了。

一九六七年，我在佛光山開山，也需要會計人員，尤其想到辦理中的普門中學更需要總務人才，也就商之於心平法師，請蕭碧霞辭去宜蘭電信局的工作，到佛光山來擔任普門中學的總務主任。竟然，蕭碧霞的父母，包括她自己，都非常爽快地就同意了。

一九八〇年，佛光山朝山會館落成後數年，我見蕭碧霞全身的活力，就再邀請她繼慈莊、慈惠、慈容之後，兼任朝山會館館長。她一做十年，每天爲信徒服務，尤其以身作則，典座、接待、房務等工作，樣樣都能承擔。

那個時候的佛光山雖然還在開山期中，卻已經是十方雲來集，有時信徒、遊客臨時打來一通電話，説等一會兒要到佛光山來吃飯，需預定三十桌、五十桌，甚至於一百桌的飯菜，蕭碧霞總能在極短的兩三個小時之内，完成供應的任務。所以在當時，她不但解決了遊客食宿上的困難，也建立了和信徒之間的良好關係。

蕭碧霞做了十年的館長之後，接著又擔任佛光山宗務委員會的財務長。在職期間，凡是本山的建設需要金錢購買建材或土地，她從來都没有要我自己想辦法解決，總是和依璞法師共同就把這許多困難承擔起來。甚至於後來佛光山辦大學、電視臺、報紙，在財務上，也都不需要我太多的關心和掛念。因此，也就讓我感覺到，佛光山真是時時承蒙諸佛菩薩加被、龍天護法護持，各方面的運作纔能順利開展。

我從不向人化緣，更何況住在山林裏也没有化緣的機會，只能等待有緣人了。所以，佛光山在全世界的別分院能一一樹立起來，都要歸功於蕭碧霞等許多師姑和衆多出家弟子的同心協力成就。這些青年比丘、比丘尼及師姑們，從不計較名位，也没有領取待遇，更不在乎上下班時間，每天二十四小時自發性地爲人服務，可謂「色身交給常住，性命付予龍天」，將整個生命都投注在道場的弘法以及信仰的生活上了。

尤其佛光山開山建寺到現在已經四十五年，數千人的法會，乃至數萬人的集會，在數十年中，早就不只辦了百千次。但是當中最困難的吃飯、住宿，她們往往都能幫助我解決。特別是近幾年來，很多國際學術會議在佛光山召開，甚至於大陸遊客往來日增，她們也都能負起接待的任務。尤其是蕭師姑烹煮的麵食，現在已經聞名全大陸，有時候大陸上的一些領導打電話到佛光山來，都是説：「我們要到佛光山吃蕭師姑的一碗麵！」大陸是麵食爲主的地區，他們大老遠要到佛光山來吃一碗麵，也就可見蕭師姑對於吃的藝術之講究，讓人心生歡

喜了。

說到炊煮，她還曾經因爲典座的專長，應邀在美國大學裏擔任烹飪教師，也出版過素食食譜，很受大家推崇；而二〇一一年底，歷時八天的「佛陀紀念館」落成系列活動，光是提供的便當數量總加起來，就約有上百萬個，數目不但龐大，而且美味的便當也獲得各界一致好評。

談及蕭師姑的發心，佛光山曾經爲了讓師姑們也有機會參與常住的政策議訂，還特地在九個宗務委員當中，設立了一位在家衆保障名額，蕭師姑在衆人的擁護之下，也擔任了多年的宗務委員。

實在說，蕭師姑之所以能成爲蕭師姑，她對外不攀緣，沒有私人的交往，甚至於自己父親、兄弟的退休金留存給她，也都拿來奉獻給佛光山，從來沒有接受過佛光山給她的任何待遇，甚至連一張車票，常住也都沒有替她買過。

現在年屆七十的蕭師姑也在佛光山退休了。總說一句，她對常住很忠誠，對佛法有信心，對服務很熱情，無私無我，精進發心，實在堪爲師姑的模範。

吳寶琴

從早期的宜蘭雷音寺，到後來高雄的佛光山，爲佛教出力甚多的第二位師姑，應該就是吳寶琴師姑了。

吳寶琴師姑，一九三六年生，宜蘭四結村人士，是「開蘭第一人」吳沙的後代。一九五三年，我初到宜蘭的時候，她的母親罹患重病，爲了就醫方便而住於雷音寺，她爲能侍候母親，也就經常出入雷音寺。三個月後，她母親奇跡般地大病初癒，而已經習慣寺廟作息的吳寶琴，也就索性地留在常住，協助寺裏的清掃、香燈等工作，甚至偶爾共修集會，也都會見到她虔誠禮拜的身影。

最初我還不是雷音寺的一員，只是客請前往講經的一位法師，但是她的阿姨郭愛女士，在那個時候，則已儼然是寺廟裏的總當家，吃住、財務全都由她和幾位女居士負責料理，我樂得清閒，也就經常遊走全臺灣佈教，偶爾纔回到宜蘭。

在那一兩年當中，我每次回到宜蘭，都會看到這一位青年，在一羣老年的居士中拜佛、誦經。因爲那個時候，參與念佛的，大多數都是上了年紀的人，很少有年輕人參加，當中忽然有這麼一位年輕的女性，也就格外地醒目了。

當時臺灣的社會非常保守，養女制度極爲盛行，女性經常受到歧視和虐待。吳師姑雖不是養女，但由於身處在男女地位非常不公平的年代，與人往來也就顯得羞澀。因此，平常與我幾乎沒有什麼互動，只有在我講經的時候，她纔遠遠地看著我，認真地聽我講說佛法。一直到了大概一九六一年左右，她看到我，纔不像最初的畏懼。

這時候，我開始著手在宜蘭辦理慈愛幼稚園，正需要幼教人才，也就鼓勵她去「臺中市立保育人員訓練班」，學習幼教。一年後結業，她正式成爲一位優秀的幼教老師，也順利地回到了慈愛幼稚園任教。幾年後，我在高雄創辦普門幼稚園，她再次接受我的建議，來到高雄任教。因此，前前後後，吳寶琴從事幼教工作就有二十年之久。直至佛光山開山以後，需要有人擔任朝山會館管理主任，在我苦口婆心地勸說之下，縱然覺得難以勝任，她還是勉强答應接任了。

之後，臺北普門寺開創，在慈容法師的主持之下，她再轉往普門寺承擔總務工作。此後，儘管在佛光山調派制度下，寺院住持交替數人，她依然本著輔助僧衆安心弘法的發心，將寺中大小事務統統都擔當下來，毫無怨言地就做了二十餘年。

後來，佛光山建立了正式的師姑入道制度，她憑著數十年奉獻佛教的信心，歡喜地就入道成爲師姑了。所以，佛光山有三大師姑：蕭碧霞、吳寶琴、楊慈滿，她就是其中之一。

在佛光山，按目前師姑序級階位辦法，初入道者爲「清淨士」，共有六級，一年得升一級，六年後就升爲「學士」；「學士」也有六級，二至三年升一級，大約也要經過十二年，纔升爲「修士」。到了「修士」的階段，升級的速度就更爲緩慢了；「修士」，共有三級，三至六年纔升一級。不過到了那個時候，也應該都是退休的階段了。

但是話說回來，也不是人人都能按年升級的，還要經由學業、事業、道業的評鑒，通過後纔可以升級。尤其，過去這許多師姑們在佛光山的序級，按一般的時間標準來計算，都要比出家衆的升等速度多加一倍的時間。所以，蕭碧霞、吳寶琴、楊慈滿等師姑，能晉升到「修士」級，也實在很不容易了。

楊慈滿

除了蕭碧霞、吳寶琴師姑，一路跟隨我從宜蘭到佛光山開山的第三位師姑，就是楊慈滿師姑了。

楊慈滿師姑，一九三二年生，宜蘭市人，最初跟隨母親到宜蘭雷音寺拜佛，時間一久，與我們熟識之後，剛巧慈愛幼稚園缺少幼教人才，正在物色人選到幼教機構受訓，她就這麼入選了。在取得幼教資格後，她也擔任了多年幼教老師。

因爲從事幼教工作，經常會和道場接觸，後來我創建宜蘭念佛會，也就請她協助會籍組事務。這份工作，她一做十餘年，從來沒有遲到早退，一到信徒集會的時候，更是謹守本分地老早就坐在服務臺爲會員登記、收費，做各項服務。

只是，她的性格太過錙銖必較，哪一個會員遲交會費，就給予諸多責怪，所以我看在眼裏，也就認爲極端不妥。不過宜蘭人的性情都很好，雖然每個月要按時繳納兩塊錢會費，並不是容易的事，尤其楊慈滿對她們是否準時繳納會費，總是斤斤計較，也就讓大家顯得戰戰兢兢。但是在那個時候，她的負責、勇敢、承擔，還是獲得很多人讚嘆的。

尤其在她服務的十多年間，宜蘭念佛會會籍組就有一千多個會員，但是她對於每一個人住在哪裏、叫什麼名字、什麼時候捐過多少功德，都能娓娓道來，絲毫不亂。

一九六七年，適逢佛光山開山，很需要採購、經營、出納的人才，在徵求她的意見之後，很快地，她就從宜蘭南下高雄佛光山服務。所以，早期東方佛教學院、朝山會館的工程採購，都是由她幫助我完成。不過，我也不時地給她逼得非常痛苦，因爲她三天兩頭就來告訴我：「明天沒有錢買鋼筋，工程要停頓了。」再不然就說：「工錢發不出去，工程要停工了。」

雖然我不擅於管錢，也知道錢不夠用，但是爲了安撫她的情緒，我也只有說：「明天不就是禮拜天了嗎？信徒上山來，添了油香，後天不就有錢付了嗎？」可是她總要嚇唬我，又說：「假如明天下雨呢？誰要上山來？」但是佛陀憐憫我們，在佛光山開山的工程期中，逢禮拜天就是不下雨。

有時候她又恐嚇我：「明天沒有錢了，我可不管了哦！」我說：「不是有一張三萬塊錢的支票嗎？」她卻得理不饒人地回說：「那是支票，不是錢啦！」在這種情況之下，我竟也能跟她合作好多年，實在不容易。不過，話再說來，我還是很佩服她的，並不會去計較她的這些反應，畢竟在經濟拮据時，誰都會想要節省開支，她只不過是爲常住著想，不要讓常住到了臨時沒有辦法應付，也就特別小心翼翼了。

在她會計兼採購的職務做了十幾年後，因應常住的需要，她又擔任了「淨土洞窟」主任。這一次，終於一

反過去不斷支出錢財的窘境，有機會爲常住收取一點淨財了，也就讓她覺得很高興。

楊慈滿師姑爲人耿直，有一段時間，她在佛光山養了一隻狗，名字叫做「來發」。每天當她爲「來發」準備好飯食後，就會高喊：「しろ，來吃喔！」因爲平常叫習慣了，所以偶爾信徒送來一點麵包或水果要給我，由她送來，她也跟我說：「しろ，來吃喔！」我聽了不禁莞爾，就幽默地回應她說：「你放在那裏，我這個『しろ』要等一下纔吃！」後來她發現自己說錯話了，趕緊央求我說：「拜托你，千萬不能告訴別人哦！」

我和出家徒弟，乃至於和這許多師姑們相處，大家真的就如同一家人，如同兄弟姊妹般，彼此不拘小節，也沒有長官對待部下般的威嚴。

再說楊慈滿師姑於佛光山服務三十多年後，有一天，我對她說：「你可以率先退休，入住我們的佛光精舍，常住會有一間房間給你靜養。」那時候她還年輕，並不大願意，不過我想總要有人做示範，讓信徒知道在佛光山服務是有退休制度的。所以我就再說：「你從一九五四年就在宜蘭雷音寺服務，至今都三十多年，是到了可以退休的時候了，還是給大家做個示範吧！」她給我這麼一勸說，也就到了佛光精舍。不過，她這個人就是閒不住，還是一樣地在幫助常住做一些雜務。

總說起來，佛光山的師姑真是個個都很優秀，個個都很發心，實在是難得的善女人。

蕭碧涼

接下來要再敘說的師姑，就是在佛光山大慈育幼院服務三十多年的蕭碧涼師姑。

蕭碧涼師姑，一九五五年生，也是宜蘭人。因爲早期我在宜蘭弘法的因緣，所以之後我雖然來到高雄開山建寺，距離宜蘭有五百多公里之遥，還是承蒙許多宜蘭的鄉親父老，特地前來鼎力相助。例如，在我開山之初，和我同住在一間工寮裏，協助我搬磚擔土的「阿德師」父子，他們兩個人實在很好配合，不分晝夜，隨叫隨到。乃至於開山之後十多年間，也不斷地有宜蘭子弟來到佛光山服務，而蕭碧涼師姑就是當中的一個。說起來，佛光山開山初期，宜蘭人和高雄等地的信徒一樣，都曾付出很大的力量。

說起蕭碧涼師姑，她於一九八一年來山後，就志願到大慈育幼院裏擔任保母工作。三十多年來，她對院童的愛護，可以說就像媽媽般地周到，甚至還比一般人家照顧親生兒女周全。

她一生在育幼院奉獻，自己雖沒有生兒育女，卻擁有七百多個孩子，大家都一致地喊她「蕭老師」；在她升任育幼院院長後，又改稱她爲「蕭院長」。總之，無論是「蕭老師」或是「蕭院長」，院童們對她都充滿了感恩之情，儘管長大後踏出院門，成家立業，但是之後再回到佛光山來，也都一定要找蕭院長。

過去，外界常常打電話到佛光山來說要找院長，那時候我也是東方佛教學院的院長，但往往我去接聽電話時，找的都不是我，而是要找蕭碧涼。後來慈容法師乾脆就建議大家：今後不要再稱師父爲「院長」，應該尊稱爲「大師」。這也就是我被稱爲「大師」的由來。只不過，這句「大師」也爲我帶來了很多的麻煩。

其實，「大師」這個稱謂，並不是多麼偉大的稱呼。在世俗上，「大師」就是專家的意思，如張大千大師、黃君璧大師等。在佛教裏，觀音大士、維摩大士，名爲「大士」，也是「大師」的意思，就等同於「菩薩」的意義。儘管菩薩有層次的不同，不過只要你有心，即使是纔開始學佛，也能稱菩薩，就叫做「初發心菩薩」。

不過，當大家決定要稱我爲「大師」後，我就想，這勢必又會帶來不少麻煩了。果真如我所料，由於社會人士，乃至佛教界許多人的不瞭解，就認爲我僭稱尊號，要想與別人不同。實在是大家有所不知，我也是出於不得已！因爲一般的信徒稱呼出家人，都叫「師父」，但是在佛光山裏，師父就有一千多人；若說叫「院長」，都監院院長是院長、育幼院院長是院長，乃至叢林學院院長也是院長，那我身爲大家的師父，又該怎麼稱呼

呢？勢不得已，大家也就稱我爲「大師」了；這只不過是佛光山的一個職務名稱而已，並没有什麼了不起。

總之，稱我大師、不稱我大師都無關緊要，最要緊的還是蕭碧涼師姑這個人了。

身爲一個女性，離開家人，把自己的愛心全投注在幼童的身上，一年三百六十五天，既不請假，也没有禮拜天，一做就是三十年以上，至今仍未退休。實在説，三十年的歲月，並不是一個短少的日子，但是你説她辛苦嗎？也不盡然。育幼院是一個大家庭，她身爲家長，擁有那麼多的兒女，大家和樂融融，也是非常幸福美滿的事。

説到大慈育幼院，順帶一提，那是我和交通銀行經理徐槐生先生合力創辦的。不過，他去世得早，之後也就由我獨力承擔院務。甚至育幼院成立之初，有很多來自外國，如印尼、馬來西亞、泰國等地的幼兒，因此，我們還曾一度把它改名叫做「國際兒童村」。

再説蕭老師，她平常教導幼兒，一方面健全他們的人格，一方面也關心他們的學業，許多小孩子在她的栽培下，都在各地大學，如：臺灣大學、臺灣「清華大學」、中正大學等校就讀。乃至於遠在美國的西來大學，也都有出自育幼院的留學生。所以，大慈育幼院在蕭碧涼師姑的維護之下，院童們真是個個才華洋溢，在各級學校就讀的表現，也都深受校方肯定。

尤其到了每年春節，她爲了增加佛光山新年的熱鬧氣氛，同時也培養兒童們集體創作的精神，老早就爲他們做好化裝遊行的準備，每次演出的創意，都深獲來山遊客的讚賞。

除了是育幼院院童心目中「永遠的蕭院長」，蕭碧涼還是佛光山慈悲社會福利基金會執行長，一路來，她懷抱著對社會的愛心，積極推行急難救助、醫院探訪、監獄佈教、社區關懷等慈善工作。可以説，她和很多的師姑一樣，一樣的發心、一樣的勇敢、一樣的承擔，都是一樣了不起的師姑。

黃美華

第五位要提的師姑，就是與蕭碧涼一樣，在慈善方面都曾有卓越貢獻的黃美華師姑了。

黃美華師姑，一九五三年生，基隆人，佛光山叢林學院畢業生。在她畢業時，正是蕭碧霞師姑擔任朝山會館館長，寄望佛教學院裏的優秀在家衆，能到朝山會館擔任櫃臺小姐的時候。

那時，要擔任朝山會館櫃臺小姐，還真不是一件容易的事，因爲館方挑選的都是能幹、大方、明理、熱心服務的人，黃美華同學能入選，自是很難得。尤其她在櫃臺服務的三年期間，對訪客的吃住、接待，熱忱耐煩，讓來者無不歡喜而歸，也就更加受人肯定了。

三年後，因爲她的性格慈悲、負責、熱心社會公益，在本山的調派下，升任慈悲基金會執行長。時值高雄縣政府在鳳山設立了一棟觀光旅館式的老人公寓，内有能容納兩百五十人的套房，取名爲「崧鶴樓」，正愁没有適當人選負責管理，於是余陳月瑛縣長就把它交給佛光山辦理，我們也義不容辭地就派遣了黃美華師姑前去擔任管理。一時間，崧鶴樓成爲全臺首座「公辦民營」的老人公寓。

黃美華師姑在老人公寓一做就是十餘年，對老人特別有愛心。她爲了對老人表示尊重，第一，將老人定名爲「長輩」；這個稱呼我也認爲很適切。

第二，鼓勵老人參與活動。在她管理的崧鶴樓裏，老人唱京戲、旅行、參加遊藝會是常事。尤其他們年齡雖老，但參加起活動，卻都童心十足，活力真是不輸時下年輕人，大家都樂在其中。

第三，爲老人備辦的飲食非常周全。爲了尊重大家的口味，她都儘量請廚房尊重長輩的生活習慣，依循他們喜歡麵食或飯食來準備餐點。

第四，待人非常慈悲的她，有時候老人交不出住宿費，她也會想盡辦法爲他們解決。因爲崧鶴樓雖然是當

局所辦理，但是並沒有經費補貼，完全是一個自給自足的慈善機構。所以，住宿的老人一旦沒有繳費，公寓也就要難以維持各方面的開銷了。但是黃美華師姑本著佛教的慈悲精神，凡事設身處地爲老人設想。甚至於佛光山介紹的二十幾位不予收費的老人家住在崧鶴樓裏，她也一樣地給予細心照顧、養護和孝養。

第五，按照老人公寓的規定，長輩一旦生病，就不能續住。爲此，她也就一再加強公寓的各項照護功能，希望將老人公寓變成是長輩可以在地安老的地方。

第六，她爲老人公寓成立很多的委員會，如：伙食委員會、活動委員會、生活委員會等，讓長輩之間也能透過會議討論，相互關懷。

黃美華師姑對於老人公寓的經營，真是非常用心，只是後來，我個人實在不忍心她一個人陪伴老人那麼多年，也就鼓勵她轉任「人間福報」發行部總經理。多年後，她又擔任佛光山文化發行部執行長，印行大量佛教書籍，並且積極對外發行。例如《佛光菜根譚》摺經本口袋書，一印就是數十萬本；明年（二〇一二年）「龍天護佑」的春聯，更是印了兩百萬份以上，分送給全球各界人士。

可以說，黃美華師姑真是做什麼像什麼，從知賓到慈善，乃至到文化，樣樣都能做到最好。

黃惇靖

另外要再提的是，三十多年前於佛光山臺北別院擔任義工，轉而全心爲佛門效力的黃惇靖師姑。

黃惇靖師姑，一九五二年生，基隆人。本於臺灣通運公司擔任財務工作，由於參加臺北別院舉辦的「朝山團」，而有因緣南下高雄佛光山。在親眼目覩出家人的威儀、親切和才華後，打破了她對佛門「青燈古佛伴一生」的刻板印象，回到臺北後，每逢週末假日，經常都會前往道場協助行政、參加講座。

多年後，當我得知她在青年會任職期中表現優異，特地邀請她到本山服務。那時，她爽快地應允來山三個月，但是幾十年後，據她表示，其實當年在答應我後，幾度猶豫，最後是爲了信守承諾纔勉強上山的。沒想到，這一投入之後，深受教團爲衆服務的精神感動，三個月就變成了三年，如今則已經三十年過去，還發心入道當了師姑。至今回憶起來，連她自己都覺得因緣不可思議。

在這段奉獻佛教的漫長歲月裏，她曾擔任文物陳列館主任二十多年。其中，也協助本山審核各項財務支出，並且創辦館內的文物流通處，兼任臺南佛光緣美術館館長。之後，又在常住的安排下，承擔文物展覽館（即現今佛光緣美術館總部）主任一職。目前則以財務的專業背景，任職於相關單位。

說起她在各展館服務的數十年間，往往在聯繫展出事宜遇到困難時，總是盡力設法解決問題，不讓常住擔憂。這股擔當的勇氣，也讓她和許多海內外知名藝術家，如：朱銘、王秀杞、李正富、陳正雄、陳培澤、黃國書、關椿邁，以及李自健、高爾泰和蒲小雨等人，結上好緣。

除此之外，黃惇靖師姑還參與了一九九五年臺南佛光緣美術館的開幕工作；二〇〇〇年，時值佛教東傳兩千年之際，本山盛大舉辦「佛教文物暨地宮珍寶特展」，她也曾參與其中的聯絡和接待。

總而言之，黃惇靖師姑在數十年爲教奉獻的光陰裏，總是把功勞歸於常住，可謂是忠心耿耿的佛光人。

何瑋馨

除了上述在佛光山奉獻數十年的師姑，近幾年來入道的師姑，對於弘法事業也多有建樹。首先就從何瑋馨師姑說起。

何瑋馨師姑，原籍廣東，一九四八年出生於香港，在臺灣大學完成學士教育後，前往大陸發展事業。

一九八一年，因為公務之需訪問美國西來寺，而對「人間佛教」理念有了認同，回港後便開始親近佛光山佛香講堂。十多年後，一九九九年，更負笈來到佛光山就讀勝鬘書院。期間，有感於佛教需要在家衆護法，毅然決然放下事業，申請入道當師姑。

進入佛光教團後的何瑋馨師姑，最早服務於員林講堂，因成功推動「三十齋」（三十元齋飯素食），受到在地鄉親肯定。當我得知此事時，便責成她於新成立的嘉義南華學館（現名嘉義會館）成立滴水坊總部，更進一步於全臺灣推動「三十齋」。在職期間，她本著佛光人「給人歡喜」的工作信條服務客人，不但講究餐點品質，並且注重出餐速度，讓來客都讚不絕口。

由於何瑋馨師姑行事積極、有效率，所以在常住的安排下，於二〇〇四年，兼任師姑室執行長，為本山的師姑及在家職員服務。其中，她為了樹立佛光山師姑的形象，以展現師姑共同護持佛教的精神力，而設計了一套師姑制服。經常在大衆集會的場合，見到師姑們穿著制服出席，精神抖擻的姿態，都會讓我想起當初她的用心良苦。

英文講說流利的她，二〇〇八年，又受派前往美國國際佛光會世界總會服務。期間，許多國外貴賓，如聯合國非政府組織HDI總裁史瓦門先生（Mr. Ralph Cwerman）、英國西敏市署理市長馬歇爾先生（Dr. Harvey Marshall）等人來到佛光山參訪，都是由她負責接待。

現在，她更積極投入全球一百七十多個佛光協會的活動資料分類彙整，並建置於網路上，讓海內外人士都得以透過網路認識佛光會。可以說，何瑋馨師姑真是一位勇於接受不同領域挑戰的弘法人才。

吳淑華

佛光山的師姑，個個做事全力以赴，只要常住需要，往往沒有二話，例如現在要述說的吳淑華師姑，也是其一。

吳淑華師姑，一九五一年生，嘉義人，曾於世界知名汽車零件製造集團服務二十五年，最高職務為美國廠副總經理。二十年前，由於和我在桃園機場的一面之緣，及一席簡短的對話，促成了她日後皈依佛教，於佛光山達拉斯講堂學佛的因緣。

最初，她在國際佛光會達拉斯協會擔任理事，並協助《佛光世紀》的編務工作。三年下來，讓她更加肯定佛光山的弘法理念，進而要求週末能在滴水坊擔任義工，與人結緣。兩年多裏，每到週末，都能見到她在滴水坊裏穿梭，親切地為客人點菜、送菜的身影，雖然忙碌，卻很歡喜。之後，她更是如同補處菩薩般，道場中哪裏有需要協助，就自動前往補位。

二〇〇三年，回到臺灣後，她繼而又在佛光山位於臺南的道場擔任義工，長達五年。期間，她協助臺南講堂成立社區學院；南臺別院落成後，更承擔臺南人間大學執行長一職，同時籌備佛光緣美術館展覽。儘管這些工作與她過去所學不同，但是在她刻苦耐勞，不怕困難的精神領導之下，則都能順利圓滿地完成任務。甚至在這段時間裏，吳淑華受衆人擁護，還擔任了佛光會臺南中區第二分會會長，她也都能設法負起領導會務運作的責任。

在一次又一次承擔佛法事業當中，也就更加堅定她走上「人間佛教」弘法之路的信心，因而在二〇〇八年決定入道當師姑。

由於她在文教、管理方面的表現優越，深具專業素養，入道後，在常住的安排下，她接下了「人間福報」社長特別助理一職，協助《人間福報》的業務發展。兩年後，又擔任我「公益信托教育基金」副執行長，協助真善美新聞傳播獎、三好校園獎、Power教師獎及全球華文文學獎等諸多事宜。

總說吳淑華師姑，她真是一位教性很强，極富弘法使命感的師姑，所思所想盡是如何讓佛法傳播出去，令更多人受益。

蔡麗芬

再來要說的，應該就是服務於師姑室的蔡麗芬師姑。

自述一生歷經校門、公門、佛門「三門」的蔡麗芬師姑，一九六四年生，雲林人，南華大學生死學、宗教學研究所碩士。

蔡麗芬師姑的人生經歷豐富，當她在臺灣大學法律系畢業後，便相繼於臺灣大學、高雄、金門地檢署、臺灣美術館等公家機關服務近二十年，並曾擔任高雄市中正文化中心管理處處長。極富愛心的她，還經常到法院裏當義工，輔導因少不經事而一時誤入歧途的青少年。

二〇〇五年，在她就讀南華大學研究所期間，當我得知她有意寫作佛教相關論文時，基於能有這麼一位肯爲佛學研究發心的人才，也就做了不請之友，安排她住宿佛光山，好專心撰文。没想到，由於此次寫作的因緣，讓她更進一步認識佛光山，而決意終生爲佛光山的弘法事業奉獻。

因此，在她完成寫作後，常住便依其行政管理、人事協談的專長，安排她於師姑室任職。除了爲近百位師姑服務，至今，她在健全員義工各項制度、安頓員義工身心方面，都頗有建樹。尤其對於初入佛門者，她總是一本常住「隨衆安住」的理念，協助他們融入教團裏。

蔡麗芬師姑雖然進入佛門的時間不是很長，但是在人事協調和執行事務時，卻能兼融佛法慈悲圓融的内涵，讓職員們都能無後顧之憂地在常住服務，實在是不可多得的人才。

在佛光山，可欽可佩的師姑還有很多，例如林秀盆師姑，從佛光山開山到現在，在「浄土洞窟」服務已有四十多年，期間没有調換過職務，至今還在爲常住奉獻。又好比曾在「果樂齋」爲來山遊客烹煮麵食的郭道光師姑，在佛光山服務數十年間，從没有鬧過情緒，也從未請假或外出。十幾歲就來山的她，當年因爲年紀小，皈依慈莊法師成爲本山第三代弟子，不過現在也已是六十多歲的老人了。另外，在美國西來寺負責寶藏館展務的鄭碧雲，任何事情只要交代她，都會有辦法完成。可以說，她們都是走過佛光山開山初期艱辛歷程的師姑。

在她們之後來到佛光山的，如香港佛光道場的倪寶琴、福利監院室流通處主任黄美素、南華大學董事會助理林淑惠、滿香園餐飲部張伯嬌、高雄南屏别院張艷英、南華大學人事主任黄素霞，以及分别於佛光山客堂、郵政代辦所、總機，一做十幾年的何春蘭、翁桑匹、許釋迦師姑等人，她們在佛光山奉獻也都有二十年以上了。

總説佛光山的師姑們，不但積極協助僧衆弘法度衆，也維護僧團的立場，每當佛光山遭遇不肖之徒擾亂時，她們總是率先挺身維護，真可謂捍衛佛光山的一羣女性護法金剛了。

佛光人的信仰動力

在臺灣光復初期，要想組織一個社團，尤其是宗教性質的團體，真是比登天還難，因爲當局只承認一個「中國佛教會」，此外一概不開放。一九七八年，我有意組織「中國佛教青年會」，而在《覺世》旬刊上，連續發行了兩期「中國佛教青年會發起專號」，表達諸山長老和社會各界支持成立「中國佛教青年會」，重視佛教青年未來發展的立場，之後並正式具文向「內政部」申請成立。但是出人意料的，「中國佛教會」竟起而奔走呼號反對，當局當然也就不予准許了。

爲此，時任國民黨中央黨部社工會主任的蕭天贊先生，親自上山來拜訪我，一者，拜托我不要組織「中國佛教青年會」；二者，希望我不要參選「中國佛教會」理事長，轉而能擔任「中日佛教關係促進會」會長。綜觀事情發展至此，「中國佛教青年會」勢也難爲，我只有退讓一步。

其實，早在一九六〇年，我就曾與道源法師組織佛教訪問團前往日本訪問，那時我們還拜訪了全日本大本山的館長。但是二十年後，出任「中日佛教關係促進會」會長期間，除了和曹洞宗貫首丹羽廉芳召開過幾次友誼會議以外，對於佛教也就別無建樹了。

在當時，不僅只成立社團遭遇困難，所有佛教活動也一定要附屬在「中國佛教會」的組織之下，纔可以進行，離開了「中國佛教會」，即使要在寺廟裏舉辦社教活動，當局也大都不同意。

到了一九八五年，好不容易遇到貴人董樹藩先生，承蒙他的欣賞，以「蒙藏委員會會長」之尊力挺，要我組織「中華漢藏文化協會」。儘管我從協會名稱就看出它未來的發展成就有限，但還是勉强接受，先求其有。之後透過該會，除了召開「世界顯密佛學會議」，和藏傳佛教的活佛聯繫交流，也曾爲了恢復南傳佛教比丘尼戒法，而到印度菩提迦耶傳授三壇大戒。由於傳戒因緣，又承蒙西藏貢噶多傑喇嘛看重，送了一顆世間稀有的佛陀舍利給我；這是他從西藏逃亡到印度時，用生命護藏的聖物。

不過，在我做了兩任會長之後，不見會員增加，自覺不能勝任，就薦請密教院的院長田璧雙喇嘛擔任理事長。我真是千恩萬謝地感激他，肯得繼續漢藏文化交流的工作。

一直到了一九八七年，蔣經國先生宣佈解嚴，許多社團如雨後春笋般地紛紛成立，想到當初成立「中國佛教青年會」的困難，現在情況出現了轉機，因此在經過一兩年的籌備之下，我於一九九一年，正式成立了「中華佛光協會」（後更名爲國際佛光會「中華總會」），並且在短短的一兩年間，相繼成立了五百個分會。可以說，全臺灣幾乎一半以上的鄉鎮，都有佛光分會的據點。緊接著，次年（一九九二年）我又在美國洛杉磯成立「國際佛光會世界總會」，不到一年，全世界七十幾個國家、地區，也都陸續成立了佛光協會。

如今，二十個年頭過去，佛光會在海内外已擁有了三百萬名以上的會員，他們都以自稱「佛光人」爲榮，對於社會災難的救援、苦難人民的關懷、青年學子的照顧、傳播佛法的熱心，以及倡導義工的發展等等，可説貢獻良多。

首先要提的必然是吴伯雄居士了。他在一九九二年，擔任「内政部長」期間，有一次我人在美國，透過越洋電話聯繫，請他擔任國際佛光會世界總會副會長，他一口就答應了。往後，陸續地就有很多政治人物跟隨著他的脚步加入佛光會，光是「立法委員」當中，就有潘維剛、洪冬桂、丁守中、趙麗雲、沈智慧、鍾榮吉等人。甚至企業界的潘孝鋭、張姚宏影、曹仲植等，也都紛紛加入其中。不過，此處我就不一一地去敘説他們，只以民間幾位佛光人爲代表，例舉他們爲教、爲會的一兩點成就。

陳順章、沈尤成、賴義明、游次郎

首先就從陳順章居士說起。陳順章，一九四七年生，臺南人，最初在佛光山分院臺南善化慧慈寺協助法務活動，自從佛光會成立以後，先是擔任理事，後來又當選「中華總會」副總會長。

原本他只是一個普通的商人，自從加入佛光會之後，便開始展開社會關懷行動。像是早期他在臺南成功大學設立的企業訓練班，可以說是現在企業界人士得以進入大學學府在職進修的創始。尤其他對於「行善」的看法，有別於一般佛教徒，認爲除了從事救苦救難的慈善工作以外，教育更是善事中的善事。所以他參與護持佛光山叢林學院，不但捐助獎學金，還主動參加佛教學院學生的社會佈教活動；他常說，從中自己也進步很多。

除了慧慈寺，佛光山後來在臺南市區設立臺南講堂，他也領導信徒參與道場活動，尤其經常和信衆開會，達成護持道場的共識。開會對於一個民間社團來說，確有其必要，不開會，久而久之，沒有共識，力量就消減了；經常開會，參與者的力量凝聚，大家助成文化、教育、慈善、共修的發展，弘法事業也就可以轟轟烈烈地展開。

陳順章居士不僅熱心於佛教的教育事業，對於文化工作也一樣熱烈支援。繼柴松林教授之後，他擔任「中華福報生活推廣協會」理事長，不僅致力於推廣訂閱《人間福報》，也經常在各地傳遞「人間佛教」的理念，每次一談起，總能滔滔不絕，頗有心得。

由於對信仰的虔誠，近十幾年來，每年除夕，都會看到他帶領著全家數十人上佛光山，和數千人一起圍爐，吃年夜飯。尤其佛光會每次召開會員大會，或舉辦佛誕節慶祝大會、禪淨密三修法會等大型活動，他都鼓勵南區會員踴躍參加，數十年如一日。夫人蘇素賢女士更是夫唱婦隨，除了陪伴先生打拚事業，其餘時間就是參與佛光會的活動。

除了陳順章居士以外，佛光人的模範還有：臺中的沈尤成（一九四六年生）、彰化的賴義明（一九四一年生）、嘉義的游次郎（一九三四年生），這四個人都是同心協力爲佛光會賣力的護法。有人開玩笑地說他們是佛光會的「四人幫」，其實他們並沒有幫派集團的概念，一心只想護持佛法，推展佛教。

說起他們對信仰的堅定以及對佛教的貢獻，例如：賴義明送子上山出家，捐獻員林講堂，每年提供獎學金，贊助公益信托教育基金；游次郎是嘉義「青年救國團」總幹事，參與南華大學購地建校不遺餘力；沈尤成和夫人洪金娥女士，兩人從臺中東海道場到現在的惠中寺，對於一切寺務工作，毫不推諉責任，儼然是道場的當家，甚至在英國留學，獲得管理學博士學位的女兒沈昭吟小姐，不但在南華大學授課，而今也在本山出家，法名爲知賢。

所謂「佛光普照三千界，法水長流五大洲」，佛光會能夠發展到今日的規模，可以說，這許多發心的居士們都是幕後的無名英雄。

劉招明

從佛光會創會到今天，表現得最熱烈，貢獻最多的，應該要算國際佛光會世界總會理事劉招明居士了。劉招明，一九四七年生，臺南人，逢甲大學出身。在澳洲、泰國、印尼、中國等地，都有他的事業據點。二十年前，一家大小移民澳洲，在澳洲加入佛光會以後，佛光山在布里斯本建立的中天寺，就成爲他們的第二家庭了。

他有兩位公子、一位小姐，二十年前都還只是高中、大學的在校生，聰明又有活力，尤其跟隨父母的信仰，熱心於寺院工作，一路從參與童子軍、青年團而到今日事業有成，仍然繼續護持佛教。

夫人陳秋琴也是逢甲大學校友，在中天寺擔任「中華學校」校長，辦學成績卓著，每次有家長想要爲小孩報名入學，都要排到兩年後纔有缺額。不得已，後來只有設立分校，以容納更多的學生。可以說，在佛光山海

外各個道場設立的「中華學校」裏，她堪稱是模範校長了。

在劉招明居士的信仰理念，家庭就像是佛光山派下的一個別分院，家人則是寺院裏的住衆，全體奉行佛法，過佛教的生活。現在，他的兒女都長大了，也受完高等教育，各個一表人才，並且堅持延續「佛化家庭」的理念，男生非佛教家庭的女子不娶，女生非佛教家庭的男子不嫁。若說佛教徒從信佛、拜佛、念佛、學佛到行佛，都要能示範大衆，劉招明居士應該是要當選的了。

尤其他不好名，也不好虛榮，更不要人家讚嘆，總是默默地在行佛，例如：我在揚州興建鑒真圖書館，他就派遣公司裏的建築師前去幫忙監工；我建設宜興大覺寺，初期的五年，他也派了工程師前往協助；甚至還把上海一棟大樓的頂層，約數百坪空間，毫無條件地交給本山成立「大覺文化傳播有限公司」，作爲推廣文化事業之用。所以，現在大陸到處的機場、公共場所，能看得到我的一些著作擺在書架上流通，真是不能不感謝他了。

特別是近年來，本山爲了慶祝「佛陀紀念館」落成，舉行「百萬心經入法身」活動，劉招明居士更是熱烈響應，號召親友、員工參加，還曾集合了千餘人在臺北道場抄寫《心經》，場面之浩大，可謂盛況。像這樣的佛光人，不也足爲大家的模範嗎？

陳嘉隆、陳隆陞

繼劉招明之後，陳嘉隆、陳隆陞也是難得的佛光人。

陳嘉隆，一九五五年生，基隆人。最初在臺中大甲妙法寺護持道場，自從有了佛光會之後，進一步又投身會務工作，從會員到分會會長、督導，現在是「中華總會」的副總會長，一路走來，他辦理各項會務活動，始終盡心盡力。

尤其每次佛光山在臺中海綫的大甲、清水、梧棲、沙鹿、龍井等地，舉辦「百萬人興學」行脚托鉢活動，他都積極發動民衆參加，不但成績斐然，次序井然的護法隊伍也大大提升了佛教形象。

曾在軍中擔任侍衛官的陳嘉隆居士，可謂是名副其實的金剛護法，經常以所長協助各地道場成立金剛大隊，無論是在凱達格蘭大道上舉行的「佛誕節暨母親節慶祝大會」，或是在佛光山「佛陀紀念館」舉辦的「八二三愛與和平宗教祈福大會」，都可見他帶領著幹部會員參與維安工作。乃至二〇一一年十二月，佛光山舉辦「佛祖巡境，全民平安」活動，在二十一天的環島行脚托鉢中，他不僅擔任總指揮，更挑選訓練了金剛護衛隊十六人，全程保護佛陀真身舍利。

想當年，一九九九年臺灣發生「九二一」大地震，南投、臺中地區受到重創，他毅然決然放下個人事業，全心投入救災工作，仁盡義至，實在令人感動。甚至災後，本山在臺中地區成立多所「佛光園——心靈加油站」，以及捐建東勢中科小學，委由他規劃執行，他也都能不負衆望地完成任務，讓所有捐助者和受惠者皆大歡喜。

近年，擁有多次國際救災經驗的陳嘉隆居士，在四川汶川大地震發生時，又隨著佛光會組成的醫療隊深入災區救災。可以說，對於社會服務或救災工作，他都是主動發心參與。

除此之外，二〇〇二年陝西扶風法門寺的佛指舍利恭迎來臺，爲讓中區民衆也有因緣禮拜，其中一站供奉在臺中港區綜合體育館。當時，人山人海，萬頭攢動，空前的盛況也都是他努力的成果。

不過，陳嘉隆居士最讓人感動的，莫過於把靜宜大學觀光系高材生，最聰明能幹的女公子陳玉青小姐，送到佛光山就讀叢林學院，幾年後，又鼓勵在佛光大學佛教學系深造的她出家，法名叫做「有圓」。猶記得出家典禮那一天，他邀約了親朋好友，一起上山祝賀，陣仗之大，就如同兒女嫁娶般隆重，實在是爲出家的神聖和歡喜，做了最好的示範。

至於同樣對佛光會付出甚多，現任佛光會「中華總會」理事的陳隆陞居士，一九五六年生，南投人。他於「九二一」大地震發生時，接受佛光會責成，擔任九人小組總幹事，負責災區各項賑災工作的統籌規劃。事後，本山在南投援助重建爽文小學、平林小學、富功小學等多所小學，以及成立十數所「佛光園——心靈加油站」，他都義不容辭地盡力協助。甚至當許多民間團體紛紛結束對災區的援助之後，他仍持續地爲災民提供服務。因救災有功，陳隆陞居士還一度獲頒「全臺好人好事代表」的肯定。

過去，他身任「玉山國家公園」管理處處長，平時都居住在玉山之上。玉山海拔三千九百五十二公尺，比起日本富士山的三千七百七十六公尺，還要高一些。因此，臺灣民間也就一直有日本不甘屈居臺灣高山之下，希望有朝一日能占領臺灣，好擁有東南亞最高山的傳聞。無論傳聞如何，身爲玉山的管理人，陳隆陞居士總是盡責地守護聖山，並且努力地向國際推介玉山之美。

對於地質深有研究的他，不但長年從事林木生態保育工作，更是大力宣導佛光會「環保與心保」的理念。在守護玉山二十五年後，現在他已從「玉山國家公園」管理處功成身退，但是依然不忘要爲玉山、爲佛光會服務。最近他與我商量，預備讓玉山和大陸江西的廬山結成姊妹山，我樂觀其成；另外，問及退休以後的規劃，他更是本著熱忱答説：「今年要先到宜興大覺寺、揚州鑒真圖書館協助素食博覽會的舉辦。」

我想，佛光人只要肯發心，在佛光會的園地裏，永遠都有生命的舞臺可以發揮。

李耀淳

在陳嘉隆和陳隆陞之外，和他們同樣熱心的，還有「中華佛光童軍團」總部執行長李耀淳居士。

李耀淳，一九四六年生，臺北人，平日熱心於佛光事業，特別是在推廣童軍教育上，由於他的促成，而讓

佛光童軍團成爲佛教首創的全臺性童軍團。目前佛光童軍在他的領導下，爲能達成團務運作的共識，每年都會舉行「分區服務員研習會」及「全臺服務員知能研習營」。

除此之外，爲了開拓童軍視野，他還曾率領佛光童軍遠到日本等地，與世界各地童軍團交流聯誼。甚至每遇社會發生重大災難，他也都一馬當先地帶領著佛光童軍團投入第一綫賑災工作。例如：南亞海嘯的募款、「八八」水災的善後清理、汶川大地震的物資統籌等，他都曾參與其中。

另外，今年（二〇一一年）本山舉辦「佛祖巡境，全民平安」活動，他擔任副執行長，和陳嘉隆居士並肩合作，擔負起全程護持佛車的任務。可以説，參與童軍活動近五十年的李耀淳居士，時時刻刻都在奉行童軍「智、仁、勇」三達德的精神。

每次國際佛光會召開會員代表大會或理監事會議時，都能見新成立的童軍團參與授證儀式，童軍人數增加之快，他的努力實在功不可没。尤其每兩年至四年在本山舉辦一次的「世界佛光童軍大會師」，現在更是已經成爲佛光山上的盛事。當然，能帶領著上千名兒童及青少年，在童軍活動中實踐「三好」——做好事、説好話、存好心，奠定人生良好基礎的重要推手，自是李耀淳執行長莫屬了。

除了上述幾位發心的男衆佛光人，還有更多默默爲佛教奉獻的男衆護法。例如：桃竹苗區協會會長張清川、副會長游象進、中區協會會長戴登鐘、南區協會會長郭銘羣、副會長楊政達、北區協會副會長李德全、苗栗第一分會創會會長謝啓光，乃至在教育界發心的，花蓮四維高中董事長黃英吉、小琉球退休教師許春發、宜蘭黎明小學退休校長陳林泉，以及熱心於監獄教誨的林清志、校園講座的鍾茂松等，他們長期以來對於佛光會在地方上的生根茁壯，都付出了極大的心血。

朱唐妹

除了男眾佛光人代表，也有一些堪爲表率的女眾佛光人，例如桃園的朱唐妹女士。

朱唐妹，一九五二年生，中壢人，家庭美滿，先生從事建築業，總是鼓勵她喜捨佈施，常做善事。在親近佛光山之前，她也曾經到許多寺院，嘗試找尋信仰上的歸宿，但是一直都沒有緣分找到。自從參加佛光會之後，終於有「找到了」的感覺。她不只一兩次眉飛色舞地述說她找到信仰的歡喜，我也很爲她高興。

過去，我雖然是佛光會「中華總會」的會長，但是對於爲數眾多的會員、信徒，始終不得辦法逐一接觸。直到有一年，當我得知她擔任中壢二分會會長，督導期間，對於會務工作甚爲發心時，就和署理會長慈容法師商量，授予她佛光山慈悲基金會北區執行長一職。

承擔要職後的朱唐妹，不負眾望地爲常住完成了許多艱巨的任務。其中，爲眾人所知的汶川大地震賑災，她光是來往四川就不下十次，有時更是一住就是幾個星期。我幾次到四川，都親眼看到她努力的情形，尤其她和當地臺辦、宗教局局長的往來，就好似老友般融洽，可謂徹底展現佛光人「給人歡喜」的精神。

不過，儘管她在慈善事業上的貢獻不同凡響，卻從來沒有到我的面前爲自己炫耀過一句，反而謙虛地說：「感謝常住給予的因緣。」實在難得。

說起汶川大地震，猶記得事發當時，佛光會「中華總會」秘書長覺培法師立即聯絡「中華」、長榮兩家航空公司合作，以專機將救災物品送到四川。就在各支救援隊伍都還難以進入災區時，佛光會得以先驅直入，最要感謝的應該是國家宗教事務局葉小文局長；那時，他通知四川宗教局協助，我們的救援物資纔能順利進入災區。

隨後，畢業於澳洲醫學大學，對護理工作非常內行的覺弘法師，又率領著一羣具有醫護專業的佛光人，到災區前綫協助災民，還曾經從瓦礫堆中救出生還者。

除了物資的捐助、醫療的救護、救難隊的支援，佛光會還分別捐建了兩所高中校舍和醫院，並捐贈了千輛輪椅及七十二部救護車。在當地，醫院裏能有一部設備齊全的救護車，可說罕見，因此，佛光會在緊要關頭能及時伸出援手，增加救援動力，自是皆大歡喜。尤其災後，我們對於災區的關懷始終沒有間斷，甚至還邀請受災青年學生來臺交流訪問，待爲佛光山上賓；這當中諸多的聯繫和安排，朱唐妹則是有很大貢獻的。

再有，就是「佛祖巡境，全民平安」環島行脚托鉢活動，來到桃園的這一站，是由朱唐妹負責召集。光是在桃園多功能藝文園區的祈福法會，她就集合了萬人以上的民眾參加，甚至還把民間信仰的土地公、城隍爺、王爺統統都請出來迎接佛陀，縣市首長和地方上的鄰里長更是全部出席。

大家在風和日麗的白天參與行脚托鉢，到了燈火通明的夜晚則是聚會集合，迴向功德。據桃園講堂的住持永嚴法師表示，雖然晚上八點半活動就結束，但是一直到了十點人潮都還不散。爲什麼不肯走？我想，大家必然還是熱血沸騰的。而能有這樣的結果，當然也是朱唐妹最大的收穫了。

其實，朱唐妹不但有菩薩心腸，還有俠女性格。當初慈濟功德會强行買下佛光山臺北道場大樓下面的三層樓，作爲活動場所時，明眼人都紛紛提出疑問：兩個在佛教界都有成績表現的道場，同在一棟大樓裏，是要互別苗頭、打對臺嗎？不過，說實在，就算是慈濟覺得有必要這麼做，也應該和早就落脚此處的佛光山配合，否則沒來由地在大樓裏設立據點，當然就要讓人有挑釁之感了。

有感於慈濟的做法欠周，朱唐妹一度住到臺北道場，並且自告奮勇地表達擔任大樓管理主任委員的意願，希望大樓的管理能夠公平公道。因此，日後對於慈濟的一些跋扈行爲，乃至違建行徑，她都毫不畏懼地予以阻止。偶爾見她一副俠氣干雲的氣勢，我都告訴她：「和諧爲上，讓人一步吧！算了！」但是她熱心護法，仗義直言，每次都說：「師父們，你們不必管，由我們在家眾來監督，一切依法處理就好了。」

在佛光會裏，對於男衆護法，我們稱之爲「金剛」。「金剛」是佛教的專有名詞，例如寺院中的四大天王像，俗稱「四大金剛」。這許多金剛護法們，每次在本山或佛光會舉行活動時，都會擔負起維護交通、安全、秩序，乃至協助道場佈置等工作，而現在能有女性出頭做金剛護法，也是非常難得的事了。

除了朱唐妹女士，在衆多優秀的女性佛光人中，還有以寺爲家，曾任國際佛光會「中華總會」監事的王碧霞；熱心推動佛光會務的佛光會「中華總會」副總會長趙翠慧；資深心靈輔導老師，現爲佛光會檀講師的李虹慧；成立三好體育協會啦啦隊，目前爲佛光會北區協會副會長的胡素華；推廣兒童生命教育，現任「中華總會」監事的莊月香，以及喜捨結緣的「中華總會理事」陳瑞珍、巨龍文化出版社創辦人鄭羽書等。光是在佛光會各協會、分會的會長、幹部以及檀講師當中，女性人數就占了一半以上。所以，現代女性對於佛教的貢獻，已不只是灑掃、炊煮，她們還更進一步發揮所長，投入佛教各項弘法事業。

總而言之，佛光山是一個行解並重的菩薩道場，所有佛光人都秉持著「給人信心、給人歡喜、給人希望、給人方便」的工作信條，從自身的行持，進而擴大至利他的菩薩道修行，以實際行動來昭示自己對信仰的堅定。